Jedem sind jiddische Wörter wie *Chuzpe, Stuss* und *Tacheles, ma-lochen, meschugge* und *schmusen* geläufig. Nachdem sie in antise-mitischem Kontext mißbraucht und nach dem Zweiten Weltkrieg deshalb mit einem Tabu belegt worden waren, sind sie seit den siebziger Jahren in die Verkehrssprache zurückgekehrt. Heute gehören sie in vielen Fällen zu den Kennwörtern eines modischen Jargons, den Börsenmakler ebenso pflegen wie Politiker oder Sportler. Hans Peter Althaus erklärt in diesem Buch auf anschauli-che und unterhaltsame Weise den Gebrauch der jiddischen Wörter im heutigen Deutsch und beschreibt den kultur- und sozialge-schichtlichen Hintergrund ihres Weges in die deutsche Sprache. Ein Glossar bietet einen Überblick über häufig gebrauchte jiddi-sche Wörter und ihre Bedeutung.

Hans Peter Althaus ist Professor für Germanistische Linguistik an der Universität Trier und einer der führenden Experten für den jiddischen Wortschatz im Deutschen. Bei C.H. Beck erschien «Kleines Lexikon deutscher Wörter jiddischer Herkunft» (2003).

Hans Peter Althaus

Zocker, Zoff & Zores

Jiddische Wörter im Deutschen

Verlag C. H. Beck

Die erste Auflage dieses Buches erschien 2002.

Originalausgabe

2., durchgesehene Auflage. 2003

© Verlag C. H. Beck oHG, München 2002
Satz: Fotosatz Reinhard Amann, Aichstetten
Druck und Bindung: Druckerei C. H. Beck, Nördlingen
Umschlagentwurf: +malsy, Bremen
Printed in Germany
ISBN 3 406 47616 3

www.beck.de

Inhalt

Vorwort

In den deutschen Medien braucht man Ausdrücke jiddischen Ursprungs heutzutage meist nicht lange zu suchen. Sie begegnen dem aufmerksamen Leser auf Schritt und Tritt, während sie dem normalen Publikum schon gar nicht mehr auffallen. Denn daß es sich bei Wörtern wie *Chuzpe* oder *Maloche* um Jiddismen handelt, ist den meisten Deutschsprachigen heute nicht mehr bewußt. Das war früher anders, als es unter Gebildeten die Regel war, das spezielle Wirkungspotential der deutschen Wörter jiddischer Herkunft zu kennen und gegebenenfalls auch zu nutzen. Daß Thomas Mann sich die Wörter *ganwenen* für ‹stehlen› und *Goj* für ‹Nichtjude›, die er in der Schlußwendung seiner Novelle «Wälsungenblut» verwenden wollte, vom Schwiegervater Alfred Pringsheim nennen lassen mußte, widerlegt diese Ansicht nicht. Denn der Zeitschriftenredakteur, dem er sein Werk zum Vorabdruck eingesandt hatte, konnte sie gleich richtig einschätzen.

Wörter jiddischen Ursprungs sind seit langem in den verschiedensten Bereichen der deutschen Sprache anzutreffen. In die bäuerlichen Mundarten des Westens und Südens gelangten sie aus der Nachbarschaft jüdischer und christlicher Familien in Dörfern und kleinen Städten, in die berufssprachlichen Idiome der Handwerker und Händler aus dem Mund jüdischer Kollegen und Konkurrenten, in den Sprachgebrauch der größeren Städte und Metropolen durch den raschen Anstieg der jüdischen Bevölkerung im 19. Jahrhundert und in die Geheimsprachen durch Vaganten und Scholaren, die sich seit dem ausgehenden Mittelalter mit einer gelehrten Aura umgaben.

Dieser besondere Wortschatz ist von der Wissenschaft bereits intensiv beobachtet worden. Man hat ihn nach seiner Herkunft und nach der Anzahl seiner Wörter untersucht, auch hinsichtlich seiner Benutzer und der Sachgebiete, die er bezeichnet. Überlegungen zur Entlehnung und zum Prozeß der sprachlichen Integration haben die Wege aufgezeigt, auf denen die Wörter ins Deutsche gelangt sind. Wenig ist jedoch bisher die kommunikative Funktion erforscht, soweit es um die Gemeinsprache und die literarische Verwendung geht, noch weniger die stilistische Qualität dieses Wortschatzteils in Presse und Dichtung. Während jiddische Wörter in Bauernmundarten und Stadtsprachen mehr und mehr zu einem historischen Phänomen werden, das von der Wissenschaft als Zeugnis jüdisch-deutscher Sprachsymbiose und einer schon fast vergangenen Alltagskultur dokumentiert wird, hat der Gebrauch der Jiddismen in Öffentlichkeit und Presse eine außergewöhnliche Eigendynamik entwickelt.

Hier deutet sich offenbar ein Wandel der Einschätzung und Bewertung an. Das Potential an Gebrauchsweisen dieses Wortschatzbereichs, der vom 18. bis zum frühen 20. Jahrhundert auf- und ausgebaut worden ist, wurde in der jüngsten Vergangenheit und in der Gegenwart entscheidend verändert. Das ist eine Folge jener Umwälzungen, die durch die politischen Katastrophen des 20. Jahrhunderts verursacht wurden. Die sozialen Voraussetzungen der deutsch-jüdischen Sprachgemeinschaft haben sich dadurch radikal gewandelt. Es ist daher erstaunlich, daß der Gebrauch jiddischer Wörter in der deutschen Öffentlichkeit in dem Augenblick zuzunehmen scheint, in dem der Kontakt mit der jiddischen Sprache stark zurückgegangen, wenn nicht fast ganz erloschen ist.

Wörter und Ausdrücke aus dem Jiddischen bedürften noch «feinerer und genauerer Durchsiebung und geschichtlicher Einstellung», schrieb Wolfgang Stammler 1950 in seinem Programm zur Wortforschung. Jiddische Wörter waren seit dem 19. Jahrhundert in weiten Bereichen des deutschen Sprachgebiets bekannt, in den Mundarten, in Sondersprachen und auch im Jargon der sich entwickelnden Großstädte. Dabei gab es große Unterschiede. In den südwestdeutschen Mundarten wurden Jiddismen auch mit scherzhaftem und ironischem Unterton gebraucht, im ganzen aber meist ohne Bosheit. In der Umgangssprache des aufstrebenden Bürgertums, wo man die jiddischen Ausdrücke manchmal auch von der jüdischen Verwandtschaft her kannte, stellten sie ein Symptom überwundener Verhältnisse dar.

In Berlin und Wien, den beiden Weltstädten, gab es jeweils eine starke ostjüdische Bevölkerung, aus deren ostjiddischer Muttersprache jüdische Ausdrücke in die Verkehrssprache eindrangen. Dort waren sie oft das Salz des Redestils, wurden aber auch zu verletzenden Formulierungen verwendet. Jiddismen waren auch ein konstitutives Element der Geheimsprachen, des Rotwelschen nicht-jüdischer Gauner wie der Marktsprache jüdischer Viehhändler. In beiden Fällen bestand seit langem ein lebhaftes Interesse, diese Geheimausdrücke verstehen zu können. Gedruckte Dolmetscher und Enthüllungsschriften aller Art lieferten Anleitungen zum Begreifen des Unverständlichen. Auf diese Weise verbreitete sich die Kenntnis der direkt aus dem Jiddischen und indirekt über das Rotwelsche entlehnten Ausdrücke.

Die nachfolgenden Untersuchungen wollen einen Beitrag zu jener genaueren Durchsiebung der Jiddismen leisten, die Wolfgang Stammler gefordert hat. Das Hauptaugenmerk gilt dabei der Rolle dieser deutschen Wörter jiddischer Herkunft in der Sprache der Gegenwart, die an exemplarischen Beispielen aufgezeigt werden soll. Manche Ausdrücke hatten nur eine kurze Gebrauchszeit, andere waren dem Deutschen dauerhafter verbunden, wieder andere sind vollständig integriert. Der Differenzierung nach Sprachschichten und Registern ist ebenso Aufmerksamkeit zu schenken wie der Beobachtung der Kontaktzonen, aus denen einzelne Ausdrücke übernommen worden sind.

Auf die Ergebnisse bisheriger Forschung wird im ersten Kapitel hingewiesen. Im zweiten Kapitel wird am Beispiel des Ausdrucks *meschugge* der Verwendungszusammenhang aufgezeigt, in den die Jiddismen eingebunden sind. Das dritte Kapitel stellt am Beispiel des Sports Beobachtungen zur Verwendung von Wortschablonen zur Diskussion, für die immer mehr Ausdrücke aus dem Jiddischen benutzt werden. Stellvertretend für jene Wörter, bei denen die jüdische Konnotation bekannt war, wird im vierten Kapitel der Gebrauch des Wortes *Zores* im Deutschen geprüft. Das fünfte Kapitel stellt *Zoff* als Kennwort einer Epoche in den Mittelpunkt, in der Streit als Ausweis von Selbstbewußtsein gilt und seine Austragung als Streitkultur gepriesen wird. Die Wortfamilie *Zocker*, deren Mitglieder heute in aller Munde sind, wird im sechsten Kapitel untersucht. Das siebte Kapitel betrachtet die Jiddismen im sprachlichen und kulturellen Kontext. Dabei geht es sowohl um die innersprachlichen Zusammenhänge, in die deutsche Wörter jiddischer Herkunft eingefügt werden, als auch um thematische und stilistische Aspekte ihrer Verwendung. Im achten Kapitel werden die Erklärungen, die die Wissenschaft zu den jeweiligen Entlehnungen vorgebracht hat, an einzelnen Beispielen kritisch gewürdigt und Gründe für den gegenwärtigen Stand der Forschung er-örtert. Weitere Beobachtungen zum heutigen Sprachgebrauch ent-hält das neunte Kapitel. Die Ergebnisse werden im zehnten Kapi-tel zusammengefaßt.

Da die lexikographische Darstellung der jiddischen Lehnwörter im Deutschen noch immer zahlreiche Wünsche offenläßt, müssen diese Untersuchungen intensiver mit Material belegt werden, als es sonst vielleicht nötig gewesen wäre. Vollständigkeit kann dabei nicht erstrebt werden. Informationen zur Herkunft und Bedeu-tung von mehr als 1100 Wörtern bietet das «Kleine Lexikon deut-scher Wörter jiddischer Herkunft» (Beck'sche Reihe 1518). Im vorliegenden Buch geht es darum, das Spektrum der Jiddismen im deutschen Wortschatz exemplarisch aufzuzeigen und auf diese Weise einem sensibleren Umgang mit ihnen den Weg zu bereiten.

I.

A Wort in Mameloschn
Probleme und Aufgaben

Wenn man bei Ausdrücken wie *Chuzpe, Ganeff, Maloche, Mischpoche, Reibach, Zoff* oder *Zores* die Wörterbücher aufschlägt, findet man dort in der Regel Angaben wie «jüdisch», «jiddisch», «aus dem Jiddischen», «aus dem Hebräischen» oder «rotwelsch». Dabei befleißigen sich die Etymologen, den Entlehnungsweg der einzelnen Wörter über das Rotwelsche und das Jiddische bis zum Hebräischen zurückzuverfolgen.[1] Da in der Lexikographie bekanntlich ein Werk auf dem anderen fußt, jedes aber seinen Standpunkt durch Erweiterung oder Kürzung zur Geltung bringt, entfallen beim Nachweis der Entlehnung manchmal die Zwischenstufen. Jiddismen der deutschen Umgangssprache werden dann direkt aus dem Hebräischen hergeleitet. Die Wissenschaft war hier mit Enno Littmanns Schrift «Morgenländische Wörter im Deutschen»[2] vorangegangen. Obwohl dem Verfasser der Unterschied zwischen dem biblischen Hebräisch, dem Jiddischen und dem Rotwelschen bekannt war, hob er bei seiner vorwiegend etymologisch ausgerichteten Darstellung mehr auf die gemeinsame Herkunft als auf die verschiedenen Entlehnungswege ab.[3]

Eine fremdartige Sprache

Nicht nur ihre Wörter, sondern auch die mittel- und osteuropäischen Juden selbst als orientalisch zu bezeichnen, war keineswegs ungewöhnlich. Was als der Versuch verstanden werden konnte, Juden als Fremde auszugrenzen, war auch Ausdruck der Entdeckerfreude und Reaktion auf die Andersartigkeit des jüdischen Volkslebens gewesen. Wilhelm Christian Just Chrysander rechnete darum 1750 in seiner Schrift «Unterricht vom Nutzen des Ju-

den-Teutschen, der besonders STUDIOSOS THEOLOGIAE anreitzen
kan, sich dasselbe bekant zu machen»[4] die Beschäftigung mit den
jiddischen Ausdrücken zu den besonders lohnenden philologi-
schen Aufgaben. Nachdem er schon eine ganze Reihe von Gründen für das Studium des Jiddischen angeführt hatte, fügte er noch
hinzu: «Einige wollen zu solchem Nutzen noch die Belustigung
rechnen; da manche, aus dem Gehirn dieser Morgenländer geflosse-
ne, Schriften wegen ihrer feurigen Ausdrücke, verblümten Redens-
Arten, anmuthigen Vorstellungen, sinnreichen Räzel, lehrvollen
Gleichnisse, auch seltsamen Einfälle, ungereimten Meynungen,
kühnen Muthmassungen und kurzweiligen Erdichtungen, sich als
ein Anti-Melancholicum gebrauchen lassen.»[5] Damit gab Chrysander mehrere Motive vor, die in der Folge eine Rolle spielen sollten. Daß er die Juden Morgenländer nannte, entsprang dem Wunsch
nach sprachlicher Variation, war aber auch Zeichen eines Interesses
am Exotischen, wie es in feurigen Ausdrücken, seltsamen Einfällen
und ungereimten Meinungen zum Vorschein kommt.

Solche Neugier konnte zu jener Zeit noch keineswegs allgemein
durch Reisen und Anschauung gestillt werden. Noch die Reise-
berichte des Fürsten Hermann von Pückler-Muskau bezeugen das
Interesse am Ungewöhnlichen, Andersartigen und Sensationellen.
Erst die Expeditionen des späten 19. Jahrhunderts und die soge-
nannten Völkerschauen, die im Gefolge der Weltausstellungen
einem staunenden mitteleuropäischen Publikum Südseeinsulaner
in Zoologischen Gärten präsentierten, schufen andere Sensationen. Bis zu diesem Zeitpunkt galten auch Juden als exotisch, wie es
Chrysander 1750 zum Ausdruck gebracht hatte. 1822 reiste Heinrich Heine nach Polen. Sein Reisebericht läßt ahnen, wie unerwar-
tet fremdartig ihm die dortigen Juden erschienen sein müssen.[6]
Ein Jahrhundert später begab sich Alfred Döblin auf denselben
Weg. Nach Pogromen im Berliner Osten fragte man sich im Kreis
jüdischer Intellektueller, wo Juden zu finden seien. Die Antwort
lautete: in Polen.[7]

Umgang mit Sprachresten

Der Rolle der Exoten hatten sich die Juden in Deutschland konsequent durch die sprachliche Assimilation, die als Preis für die Emanzipation zu entrichten war, zu entziehen versucht. Hier bekam das Jiddische eine neue Funktion. War es zunächst als Soziolekt der aschkenasischen Juden deren alltägliches Kommunikationsmittel, so wurden seine Reste nun zu einem sozialen Deklassierungsinstrument umfunktioniert und gegen die Juden eingesetzt. Die Sorge um die Sprachreinheit, die sich in Hyperkorrektheit und papierenem Ausdruck zeigte, bestimmte das Selbstverständnis der Juden und vor allem der Autoren unter ihnen.

Fritz Mauthner und besonders Franz Kafka litten darunter, keine richtige Muttersprache zu haben. Statt dessen gab es für einen Juden in Böhmen mehrere Sprachen: «Deutsch als die Sprache der Beamten, der Bildung, der Dichtung und seines Umgangs; Tschechisch als die Sprache der Bauern und der Dienstmädchen, als die historische Sprache des glorreichen Königreichs Böhmen; ein bißchen Hebräisch als die heilige Sprache des Alten Testaments und als die Grundlage für das Mauscheldeutsch, welches er von Trödeljuden, aber gelegentlich auch von ganz gut gekleideten jüdischen Kaufleuten seines Umgangs oder gar seiner Verwandtschaft sprechen hörte.»[8] Mit dem Mauscheldeutsch waren Reliktformen des Jiddischen oder ein deutscher Sprachgebrauch gemeint, bei dem sich dem geübten Ohr die jüdische Herkunft des Sprechers an kleinsten Sprachdetails verriet.[9]

Ablehnung und Diffamierung

Der wirtschaftlich ausgerichtete Antisemitismus und dessen politische Variante, die den religiös motivierten Antijudaismus abgelöst hatten, wollten durch den Verweis auf das Jiddische Vorurteile schaffen oder verfestigen. Von der als korrumpiert angesehenen Sprache wurde auf die Sprecher geschlossen und unterstellt, daß der Gebrauch einer verachteten Sprache die Minderwertigkeit der Sprecher erweise. In seinem Rundumschlag gegen jüdische Komponisten, den Richard Wagner 1850 unter dem Pseudonym K. Freigedank austeilte, fühlte er sich gerade durch dieses Argument bestätigt: «Im Besonderen aber widert uns die rein sinnliche Kundgebung der jüdischen Sprache an. Es hat der Kultur nicht gelingen wollen die wunderliche Hartnäckigkeit des jüdischen Naturells in Bezug auf Eigenthümlichkeiten der semitischen Aussprechweise durch zweitausendjährigen Verkehr mit europäischen Nationen zu brechen. Als durchaus fremdartig und unangenehm fällt unserem Ohr zunächst ein zischender, schrillender, summender und mucksender Lautausdruck der jüdischen Sprechweise auf: eine unserer nationalen Sprache gänzlich uneigenthümliche Verwendung und willkürliche Verdrehung der Worte und Konstructionen, giebt diesem Lautausdrucke vollends noch den Charakter eines unerträglich verwirrten Geplappers, bei dessen Anhören unsere Aufmerksamkeit unwillkürlich mehr bei diesem widerlichen Wie, als bei dem enthaltenen Was der jüdischen Rede verweilt.»[10]

Richard Wagner benutzte solche Behauptungen, um seine Ablehnung der Werke jüdischer Komponisten zu begründen. Vor allem Giacomo Meyerbeer und Felix Mendelssohn Bartholdy wurde der Erfolg geneidet. Da Wagner wie vor ihm Christoph Willibald Gluck den musikalischen Einfall aus dem Sprachklang zu gewinnen suchte und seine Erfindungen das Recitativo accompagnato zur unendlichen Melodie weiterentwickelten, ist der Rückbezug auf die Sprache natürlich nicht falsch. Sinnlos ist nur, das Deutsch der Juden oder auch das Jiddische gegen das Deutsch der Nichtjuden auszuspielen. Dem Anspruch der Sachsen, das Sächsische sei die beste aller deutschen Sprachformen, hatte sich die Mehrheit der deutschen Sprachgemeinschaft schon seit Goethe widersetzt.[11] Wenn der Sachse Richard Wagner diesen Anspruch jetzt gegenüber Juden geltend machen wollte, argumentierte er aus einer veralteten Position heraus. Dennoch zeigen die Zitate, aus welchen Ansätzen sich die Vorurteile gegen Juden auf sprachlichem Gebiet entwickelt haben. Sie wurden von den Antisemiten aufgegriffen und durch Agitation verbreitet.

Ein besonders abstoßendes Beispiel lieferte Johanna Haarer in ihrem Buch «Mutter, erzähl von Adolf Hitler!» Dort heißt es über Juden: «Sie hatten lange, schwarze Mäntel an und schwarze Hüte auf den Köpfen. Die Augen schwarz, die Haare kraus, die Nasen krumm, schmutzig und häßlich anzusehen – so gingen sie in den Straßen von Wien. Sie waren kriechend freundlich und zudringlich, dabei sprachen sie kein richtiges Deutsch, sondern nur ein häßliches Kauderwelsch. [...] Dann versuchten sie, feine Leute zu werden. Sie zogen ihre schmierigen schwarzen Röcke aus und kauften sich andere Kleider, sie bemühten sich, feiner zu sprechen – aber sie blieben doch dieselben.»[12] Wagner und Haarer hatten jeweils die gängigen Vorurteile gegen Juden zusammengetragen. Während Wagner damit begründen wollte, warum jüdische Komponisten zur Vertonung deutscher Texte weniger als er selbst geeignet seien, trug Haarer dazu bei, Kindern im Sinne der nationalsozialistischen Ideologie Verachtung der Juden und Haß auf Fremde einzuimpfen.

Sprachkontakte

Die sprachlichen Verhältnisse, die zur Begründung der antisemitischen Urteile herhalten mußten, waren in Wirklichkeit viel komplizierter, als erfolglose Komponisten, opportunistische Schriftstellerinnen und demagogische Ideologen sich das vorstellen konnten. Es gab ja keineswegs nur eingewanderte Ostjuden und ein jüdisches Großstadtproletariat, wie es hier suggeriert wurde, sondern vor allem im Süden und Südwesten Deutschlands eine seit langem auf dem Lande und in Kleinstädten ansässige jüdische Bevölkerung.[13] Im Rheinland, in Hessen, der Pfalz, in Teilen Württembergs, Badens und in Franken existierten christlich-jüdische Gemeinschaften in direkter Nachbarschaft, z.B. in kleinen Orten des Mosellandes oder in besonders kleinen Städten Hessens.[14] Kontakte im Alltag, in der Wohn- und Lebenssituation und beim Handel schufen auch sprachlichen Austausch, der die vielen, teilweise bis heute erhaltenen Jiddismen in den jeweiligen Dialekten erklärt.[15]

In Frankfurt am Main hatten sich vier verschiedene Stadtdialekte herausgebildet. 1869 unterschied der Frankfurter Mundartforscher Johann Joseph Oppel den Halbdialekt des Vornehm-Frankfurterischen, den Amtsdialekt des Offiziell-Frankfurterischen, das Jüdisch-Frankfurterische und das Sachsenhäuserische als Dialekt der Vorstadt.[16] Diese Stadtmundarten waren gegenseitig durchlässig. Hans Ludwig Rauh bestätigte 1921, daß die soziale Annäherung der Juden an die übrige Bevölkerung «so weit fortgeschritten ist wie in kaum einer anderen Stadt Deutschlands».[17] Es sei daher nicht überraschend, «daß dieser Einfluß auch in der Mundart dieser Stadt stark zum Ausdruck kommt». Der Germanist Friedrich Panzer hat als Professor an der Universität Frankfurt und zugleich als Mentor des Frankfurter Wörterbuchs über diesen Interferenzprozeß Zeugnis abgelegt: «durch häufigen Verkehr war man so eng liiert mit ihnen (den Juden), daß man sich sogar ihren Jargon angewöhnt hatte und mit mauschelte. Man wünschte [...] zur Hochzeit ‹massel und broche der ganzen Mischboge› (Glück und Segen der ganzen Gesellschaft). Redeten die einen zu viel, so verbat man sich das ‹Geseires› oder ‹Schmonzes›. Beim Handel machte man mit ihnen ‹kippe›.»[18]

In anderen Gegenden Deutschlands war die Situation hingegen anders. Wo Juden sich lange Zeit nicht hatten ansiedeln oder aufhalten dürfen, fanden sie sich in größerer Zahl erst im 18. und 19. Jahrhundert ein.[19] Auch war der soziale Kontakt anders, wenn man sich unter seinesgleichen traf oder geschäftlich mit anderen Leuten zu tun hatte. In diesen Gebieten, für die Berlin nur als Beispiel steht, ist daher mit anderen Bedingungen für den sprachlichen Austausch zu rechnen.[20] Hier gab es vor allem Zuwanderer aus dem ostjiddischen Sprachgebiet. Die Aufnahme jiddischer Wörter ins Deutsche erfolgte daher einerseits direkt aus dem Ostjiddischen der Zuwanderer, andererseits aber auch aus der Sprache einer neu sich bildenden Schicht von Händlern, Schiebern und Jobbern. Bei diesen Wörtern sind regionale, soziale, berufliche, situationsabhängige und auch stilistische Aspekte zu unterscheiden.

Aspekte wissenschaftlicher Erfassung

Die Germanistik hat die jiddischen Wörter im Deutschen bisher vor allem unter etymologischen Gesichtspunkten sowie als Teil der deutschen Dialekte und Sondersprachen untersucht. Das Jiddische und der Anteil jiddischer Ausdrücke an der Gaunersprache hat von Hebraisten und Theologen des 16. Jahrhunderts bis zu den Kriminalisten des 19. Jahrhunderts ganz verschiedenen Erkenntnisinteressen gedient.[21] Jiddisches in den Mundarten wurde vor allem nach dem Zweiten Weltkrieg systematisch gesammelt.

Das Wörterbuch «Jüdisches Sprachgut in den pfälzischen und südhessischen Mundarten» von Rudolf Post[22] stellt den vorläufigen Endpunkt einer regionalen Sammlungstätigkeit dar, die mit der Abhandlung «Jüdisch-hessische Sprachbeziehungen»[23] begonnen hatte und den Blick intensiv auf die Mundarten als jüdisch-deutsche Sprachkontaktzonen lenkte. Daß hier die These, Jiddismen seien vorwiegend oder ausschließlich durch das Rotwelsche vermittelt, hundert- und tausendfach widerlegt wurde, hat die Lexikographie nur zögerlich zur Kenntnis genommen. Oft werden die großen Zusammenhänge in den Blick genommen, ohne sich der Fakten ausreichend zu versichern. So wird z. B. in der Neubearbeitung von Kluges etymologischem Wörterbuch bei Wörtern wie *Maloche* behauptet, sie seien aus dem Rotwelschen ins Deutsche gelangt,[24] doch sprechen die Mundartbelege eine ganz andere Sprache.

Trotz mancher eher beiläufigen Erwähnung und kleinerer Abhandlungen war das Thema nach dem Zweiten Weltkrieg noch nicht abschließend behandelt. Wolfgang Stammler schrieb darum 1950 in seinem Programm zur Wortforschung, die dem Rotwelschen und dem Jiddischen entstammenden Wörter der deutschen Sprache seien zwar in großen Teilen bekannt, aber noch nicht ausreichend erforscht.[25] Damit mahnte er eine differenziertere Betrachtung der Entlehnungswege und Entlehnungsvorgänge an. Nachdem Siegmund A. Wolf 1956 auf der Grundlage der Quellensammlung von Friedrich Kluge ein «Wörterbuch des Rotwelschen»[26] vorgelegt hatte, konnte die Darstellung wenigstens für den Kontaktbereich Jiddisch/Rotwelsch stärker mit Material unterfüttert werden. Mit einer Wortstudie zu *kazzow* ‹Fleischer›[27] wurde 1965 der Versuch unternommen, wortgeographische und sprachsoziologische Aspekte des jiddischen Lehnwortschatzes im Deutschen aufzuhellen. Aufgrund der Analyse des Verhältnisses von «Lehnwortgeographie und Entlehnungsvorgang»[28] wurden Entlehnungstypen zur Klassifikation des Materials vorgeschlagen.

Untersuchungen, die die Hintergründe für die Übernahme der Jiddismen problematisierten, waren eher die Ausnahme. Yaron Matras brachte mit seinem Versuch, in «Judendörfern» Südwestdeutschlands aus Interferenzerscheinungen die untergegangene jüdische Mundart zu rekonstruieren, nochmals einen neuen Aspekt vor.[29] Mit seiner maßstabsetzenden Erlanger Habilitationsschrift

«Jiddisch in Mittelfranken» bietet Alfred Klepsch in der Form eines kommentierten Wörterbuchs eine lexikographische Dokumentation der Reste verschiedener Varietäten des Jiddischen und Jüdischdeutschen, der jüdischen Händlersprachen und des Rotwelschen in den mittelfränkischen Dialekten.[30] Die bisher von deutschen Mundartwörterbüchern erfaßten jiddischen Ausdrücke hat Heidi Stern zusammengetragen und in einem handlichen Band dargeboten, aus dem sich jedes Wort bis zu den Quellen zurückverfolgen läßt.[31]

Renate Bebermeyer beobachtete 1978 Jiddisches in der Umgangssprache.[32] Walter Röll reflektierte 1985 im Göttinger Kongreßvortrag «Bestandteile des deutschen Gegenwartwortschatzes jiddischer oder hebräischer Herkunft»[33] auch Grundfragen der Forschung. Bei der etymologischen Herleitung der Jiddismen konnte er wesentliche Differenzierungen vornehmen. Daß Jiddismen in der deutschen Presse seit den achtziger Jahren immer häufiger verwendet werden, das Wissen um ihre Herkunft aber deutlich abgenommen hat, war 1993 Thema eines Jerusalemer Kongreßvortrags.[34] Dabei wurde der Sprachgebrauch in den Zusammenhang immanenter Strategien zur Bewältigung der Schoah gestellt. Wortstudien zum Gebrauch einzelner jiddischer Ausdrücke wie *Melech* ‹König› und der nahezu unübersetzbaren Partikel *nebbich* im Deutschen haben gezeigt, wie vielfältig und manchmal gegensätzlich die Entwicklung dieser Ausdrücke nach ihrer Übernahme ins Deutsche verläuft.[35] Eine Untersuchung der Relikte des Jüdischen in der Sprache deutscher Juden hat den familiensprachlichen Aspekt der Jiddismen herausgestrichen.[36] Eine Analyse des Umgangs, den ein nichtjüdischer Humorist mit dem Wortschatzrepertoire pflegte, hat dessen Sprengkraft zwischen Kaiserreich und Zweitem Weltkrieg aufgezeigt.[37]

Sprachwissen der Öffentlichkeit

Wie wenig Jiddisch und Rotwelsch auch heute noch in der Presse unterschieden werden, konnte man Anfang 1995 lesen. In einem Artikel über Gedenkfeiern aus Anlaß des fünfzigsten Jahrestages der Befreiung des Konzentrationslagers Auschwitz wurde ein Satz zitiert, der auf der «jüdische[n] Gedächtnisfeier bei den Ruinen der Gaskammern von Birkenau» zu hören gewesen war: «Lomir sogn a wort in mameloschn»[38]. Mit dem Zitat in ihrer Muttersprache wollte der Autor den Opfern Hochachtung bezeugen. Dabei faßte er die Stimmen der Vergangenheit in der folgenden Aufzählung zusammen: «Ein Kauderwelsch in allen Sprachen Europas, vor allem Jiddisch, Rotwelsch; Gekläff von Schäferhunden; Kindergeschrei; auf deutsch gebellte Befehle; Weinen, Heulen, Winseln morgens, mittags, abends und nachts.»[39] Dies war sicherlich in bester Absicht niedergeschrieben, und doch berührt es peinlich. Warum? «Ein Kauderwelsch in allen Sprachen Europas» sei zu hören gewesen, wird behauptet, «vor allem Jiddisch, Rotwelsch».

Rotwelsch ist die historische Gaunersprache, seit dem ausgehenden Mittelalter bekannt und bis ins frühe 20. Jahrhundert in Betrüger- und Verbrecherkreisen weitergegeben.[40] Es ist die Geheimsprache der Deklassierten, die neben vielen anderen Elementen auch solche aus der Sprache der Juden aufgenommen hat. Die Gauner, Vaganten und Verbrecher der vergangenen Jahrhunderte rekrutierten sich aus allen Kreisen der Bevölkerung. Deshalb gab es auch Juden unter ihnen, doch war das die Ausnahme und nicht die Regel. Als man 1735 in Coburg eine Bande jüdischer Diebe gefaßt hatte, wurde in Veröffentlichungen vor ihren Praktiken gewarnt. Doch schon bald nahmen diese Publikationen einen antisemitischen Ton an.[41] Von der Festsetzung der jüdischen Bande wurde auf einen kriminellen Charakter aller Juden geschlossen. Später wurden Vorwürfe, wie sie schon aus dem Mittelalter bekannt waren, weiter ausgesponnen: von Diebereien über Ritualmorde bis zur Weltverschwörung. Die Folgen sind bekannt.

Die Gleichsetzung der Sprache der Juden mit der Gaunersprache nimmt unwissentlich die Verleumdungen der Nationalsozialisten wieder auf, die davon gesprochen hatten, die Konzentrationslager würden der Resozialisierung von Kriminellen dienen. «Arbeit macht frei» hatte wie zum Hohn über dem Lagertor von Auschwitz gestanden. Daß in einer gutgemeinten Berichterstattung über die mahnenden Gedenkfeiern das Jiddische und die Gaunersprache nebeneinander genannt und Juden so von Kriminellen nicht unterschieden wurden, macht indessen betroffen. Es ist ein später Hinweis auf die Wirkung der Unwissenheit, der schon Victor Klemperer mit seinen Tagebucheinträgen zur Sprache im Dritten Reich begegnen wollte.[42] Wie Klemperer mit dem Buch «LTI»[43] hatten sich auch Sternberger, Storz und Süskind einst bewogen gefühlt, mit Ausschnitten «Aus dem Wörterbuch des Unmenschen» für Aufklärung zu sorgen.[44] Daß Jiddisch und Rotwelsch trotzdem noch immer in einem Atemzug genannt werden können, verdeutlicht indes, wie wichtig die Beschäftigung mit dem Thema ist. Das vorliegende Buch soll dazu beitragen, daß diese Gleichsetzung künftig nicht mehr so leicht möglich ist.

2.

Biste meschugge
Aspekte der Jiddismen

Das Verständnis der jiddischen Ausdrücke im Deutschen hängt oft von Kleinigkeiten ab. Sie betreffen den Gebrauch der Wörter, die Sprecher und Schreiber, die sich ihrer bedienen, Kommunikationssituationen und Textgattungen, in denen Jiddismen vorkommen, aber auch die Wege der Entlehnung und die Zeitpunkte der Übernahme. Sollen sie richtig eingeschätzt werden, muß auch die Entwicklung des Jiddischen beachtet werden, bei dem das seit dem 18. Jahrhundert stark rückläufige Westjiddisch und das bis zum Zweiten Weltkrieg lebendige Ostjiddisch nicht verwechselt werden dürfen. Auch der Gebrauch jiddischer Wörter im Rotwelschen ist zu berücksichtigen, wenn dort auch ganz andere sprachliche, historische und soziale Faktoren wirksam waren als im Jiddischen oder in deutschen Mundarten. Erst wenn alles in den Blick genommen wird, können die jiddischen Wörter der deutschen Sprache in ihrem historischen und kulturellen Kontext angemessen erklärt werden. Wichtige Aspekte sollen nachfolgend an einem allgemein bekannten Wort aufgezeigt werden.

Eine Romanszene

Ein anschauliches Beispiel für die Verwendung des jiddischen Wortes *meschugge* im Deutschen bietet der Roman «Der Augenzeuge» von Ernst Weiß.[1] Der Autor stammte aus Mähren und war jüdischer Herkunft.[2] Er wurde 1882 in Brünn geboren, studierte Medizin in Wien und war als Arzt in Prag sowie beim Militär tätig. Schon früh fühlte er sich zum Schriftsteller berufen und hatte darum Medizin und Literatur zu verbinden gesucht. Aus der Erkenntnis heraus, daß beide den «ganzen Menschen» verlangten, entschied er sich für die Schriftstellerei.[3] Nachdem er in Berlin als Autor ohne Erfolg geblieben war, versuchte er, in Wien Fuß zu fassen. 1938 floh er vor den Nationalsozialisten nach Paris und beging dort 1940 Selbstmord, um den deutschen Truppen nicht in die Hände zu fallen. In dem teilweise autobiographischen Roman «Der Augenzeuge», der 1939 im Manuskript abgeschlossen war, aber erst 1963 veröffentlicht werden konnte,[4] schildert Weiß den Lebensweg eines Arztes im ersten Drittel des 20. Jahrhunderts. Dessen spektakulärster Fall war der Gefreite A. H., der an hysterischer Blindheit litt. Daß der Arzt mit der Heilung dazu beigetragen hatte, das furchtbare Wirken dieses Hysterikers nicht zu verhindern, bildet den Ausgangspunkt für einen tragischen Konflikt.

In der plastischen Darstellung unterschiedlicher Charaktere wird ein Bild der Epoche entworfen, das die damalige Bedrohung beklemmend vor Augen führt. Vergleichsweise unbedeutend ist dagegen der Fall einer Patientin. In einer Szene wird beschrieben,[5] wie ein jüdischer Arzt dieser Frau eröffnet, «sie müsse sich einer kleinen Punktion des Brustfells unterziehen». Das teilt er ihr in einem «burschikos soldatischen Ton» mit, den er wohl auch deshalb anschlägt, um dem erwarteten Ausbruch weiblicher Hysterie vorzubeugen. Die medizinische Kompetenz des Arztes steht für die Patientin und ihren Sohn, der denselben Eingriff schon hatte über sich ergehen lassen müssen, außer Frage, nicht jedoch die kommunikative Einstellung. Denn als der Arzt die Mutter, die sich vor Angst kaum zu halten weiß, auffordert, sie solle sich am Sohn «ein Beispiel nehmen, der das gleiche ‹Operatiönchen› mit stoischer Seelenruhe aufgenommen habe, und sie solle sich nicht meschugge machen», hat das katastrophale Folgen.

Der Erzähler berichtet: «Meine Mutter, kurze keuchende Atemzüge tuend, antwortete zuerst nichts. Nach ein paar Minuten fragte der Arzt, ob sie sich nicht schon etwas leichter fühle. Er hatte, wie ich später erfuhr, einen kleinen eitrigen Erguß aus der Brusthöhle entfernt, es war ein segensvoller Eingriff, genau wie der an mir vor Jahr und Tag. Aber meine Mutter war nicht dankbar oder wollte es nicht zeigen. Mit etwas Bosheit fragte sie den Arzt zurück, ob er erstens immer hebräische Ausdrücke wie ‹meschugge› anwenden müsse und, zweitens, ob er nicht fürchte, mich größenwahnsinnig zu machen, wenn er mich, einen ‹Rotzjungen›, ihr, der erwachsenen, zum Sterben kranken Frau, als Beispiel vorhalte.»[6]

Nicht der rauhe Umgangston des Mediziners, den der Arzt und Autor Ernst Weiß so gut getroffen hat, sondern die tiefsitzende Aversion gegen Juden führt dazu, daß die Patientin nach dem geglückten Eingriff zur Antisemitin wird. Das jiddische Wort, vom Arzt sowohl als Symptom seines Judentums wie als Versuch einer umgangssprachlich ausgedrückten Abwiegelung des Befundes gebraucht, wirkte als Auslöser. Es schien zu bestätigen, was im gängigen Vorurteil zusammengefaßt war: daß Juden sich in Situationen wie dieser selbst demaskierten. Dabei war der Gebrauch des Wortes *meschugge* zu jener Zeit schon nicht mehr auf Juden beschränkt, sondern bereits in weiten Teilen des deutschen Sprachgebiets in der Umgangssprache und in den Dialekten verbreitet.

Meschugge in deutschen Wörterbüchern

In Übereinstimmung mit der damals gängigen Ansicht ließ Weiß die Patientin annehmen, *meschugge* sei eines der hebräischen Wörter, die Juden gern im Munde führten.[7] Friedrich Kluge nahm *meschugge* mit dieser Herleitung 1899 in sein «Etymologisches Wörterbuch der deutschen Sprache» auf.[8] Im Sachregister weist er es mit *benschen, Bocher, Dalles, kapores, koscher, Schaute* und einigen anderen Wörtern dem «Judendeutsch» zu.[9] Außerdem bemerkt Kluge, daß *meschugge* zu diesem Zeitpunkt nicht allgemein als schriftsprachlich gelten könne. In der 1934 neugestalteten 11. Auflage dieses Wörterbuchs[10] hat der Bearbeiter Alfred Götze, der mit dem Buch «der geistigen Wehrpflicht zu genügen» wünschte,[11] die aus dem Jiddischen ins Deutsche gekommenen Wörter mit denjenigen rotwelscher Herkunft zu einer einzigen Gruppe vereinigt.[12] Damit leistete er der diffamierenden Auffassung Vorschub, zwischen Juden und Gaunern sei keine eindeutige Trennungslinie zu ziehen. In der 15. Auflage, die die erste Neubearbeitung nach 1945 darstellt,[13] hat Alfred Schirmer das Werk im wesentlichen noch auf der Grundlage der sprachwissenschaftlichen Forschungen Götzes fortgeführt. Die etymologische Herleitung des Wortes *meschugge* blieb unverändert, doch wurden im Sachregister nun auch Wörter nachgewiesen, die aus dem Hebräischen ins Deutsche gekommen sein sollten.[14] *Meschugge* wurde nun sowohl unter den Wörtern hebräischer wie unter jenen rotwelscher Herkunft genannt.[15]

Eine durchgreifende Neubearbeitung des Buches wurde Walther Mitzka anvertraut.[16] Er nahm einzelne Jiddismen wie *mies* neu auf[17] und ließ dafür andere wie *acheln* weg.[18] Im Register wurde die Gruppe der aus dem Hebräischen hergeleiteten Wörter wieder gestrichen. Mitzka verfolgte die Absicht, die Wortgeschichte stärker herauszustellen, auch mit Angaben zum Entlehnungsweg und zur Verbreitung.[19] Zu *meschugge* hieß es, es sei «wohl erst im 19. Jh. aus dem Jidd. in großstädt. Umgangssprache gelangt» und komme auch im Rotwelschen vor.[20] Dieser Einschätzung hatte bereits 1963 die «Duden Etymologie» widersprochen.[21] Sie behauptete, *meschugge* sei im 19. Jahrhundert aus der Gaunersprache in die Umgangssprache eingedrungen.[22] Das bei der Akademie der Wissenschaften der DDR erarbeitete dritte große etymologische Wörterbuch der deutschen Sprache[23] enthielt sich einer Stellungnahme zum Entlehnungsweg und vermerkte lapidar: «Übernahme (19. Jh.) von gleichbed. jidd. *meschuggo*, hebr. *mᵉšuggaʿ*».[24] Dagegen kehrte Elmar Seebold in der von ihm völlig neugefaßten 22. Auflage von Kluges Wörterbuch[25] zu der Ansicht zurück, *meschugge* sei aus dem Jiddischen über das Rotwelsche ins Deutsche entlehnt.[26]

Aus dem Wechsel der Ansichten läßt sich ersehen, wie schwierig und kompliziert es ist, über den Entlehnungsweg und die Kontaktzone, in der ein jiddisches Wort ins Deutsche übernommen wurde, halbwegs verläßliche Angaben zu machen. Oftmals wird man sich mit Vermutungen und pauschalen Erklärungen zufriedengeben müssen, wie sie in den etymologischen Wörterbüchern vorgebracht worden sind. Es stellt sich daher die Frage, ob nicht andere Aspekte dieses Wortschatzteils mehr Aufmerksamkeit verdienen. Dazu wäre nach Mitzka vor allem dessen geschichtliche Entwicklung zu rechnen, über die mit Hilfe von Kontexten präzisere Aussagen gemacht werden können.

Das Wort *meschugge* ist heute in der deutschen Umgangssprache und in den Dialekten gebräuchlich. Wenn jedoch die Zeichen nicht trügen, ist die Häufigkeit des Gebrauchs stark zurückgegangen. Es steht wohl nicht mehr so im Mittelpunkt wie zu früheren Zeiten. Seine Verwendung hatte immer etwas Leichtes, Ironisches und Privates. Vielleicht war die Patientin deshalb so schockiert, weil sie sich von dem Arzt, der ihre Ängste mit einem flapsigen Ausdruck bedacht hatte, nicht ernstgenommen fühlte. Henne/Objartel liefern in der Neubearbeitung des Deutschen

Wörterbuchs von Hermann Paul[27] Belege für die Verwendung des Wortes in der deutschen Literatur, aus Heinrich Manns Roman «Professor Unrat» den Satz «Erlauben Sie, ich bin ja nicht meschugge» und aus Alfred Döblins Roman «Berlin Alexanderplatz» die Bemerkung «Wenn einer jetzt hereinkommt, möchte er uns für meschugge halten».

Die ihm bekannten ältesten Belege für *meschugge* im Deutschen hat Werner Betz 1966 bezeichnenderweise aus Mundarten in Frankfurt am Main (1846) und Oberhessen (1899) zitiert.[28] Der Duden führte auch einen Ausruf Kurt Tucholskys an: «Heiliger Äskulap! der du die Ärzte eingesetzt hast... sowie die meschuggenen Patienten».[29] Mit der Formulierung «wie der schlaue Felix Krull sich total meschugge stellte» wird die Verwendung des Wortes auch in einer Fernsehillustrierten belegt.[30] Das Ost-Berliner «Wörterbuch der deutschen Gegenwartssprache» gab sich dagegen zurückhaltend. Zwar wurde das Wort genannt, doch verzichtete die Redaktion auf jeden Kontext.[31] Offenbar war in der DDR niemand *meschugge*. Belege aus der Umgangssprache bietet Heinz Küpper,[32] dazu Nachweise aus Gaunersprachen und Mundarten. *Meschuggenheit* ‹Geistesgestörtheit› soll schon seit 1900 in Gebrauch sein.[33]

Die gemeinsprachlichen Wörterbücher geben die Bedeutung meist undifferenziert mit ‹verrückt›[34] oder ‹nicht bei Verstand›[35] an, Hermann Paul auch mit ‹albern›.[36] Der Gebrauch wird als umgangssprachlich oder salopp bezeichnet,[37] von Paul auch als vulgär.[38] Auch die Verwendungsbeispiele ähneln sich. Man kann *total meschugge sein* oder *werden*,[39] eventuell auch nur *ein bißchen*,[40] *jemanden für meschugge halten*,[41] *jemanden meschugge*[42] oder *ganz meschugge machen*[43] und schließlich *sich meschugge stellen*.[44] Das Ergebnis hält wieder der Duden fest: *er ist total meschugge [geworden]*.[45] Dort heißt es auch, eine Steigerung sei ungebräuchlich; das Wort werde prädikativ, nicht adverbial gebraucht.

In der Literatur wird *meschugge* anfangs mit dem Judentum in Verbindung gebracht. Paul Heyse charakterisiert in der Novelle «Ein Ring», deren Buchausgabe 1869 erschien, einen jüdischen Buchhalter, der aus Gesundheitsgründen schon mit knapp fünfzig Jahren in den Ruhestand treten muß und im Hause des Arbeitgebers verbleibt.[46] Er war früher ein *Bocher* ‹Talmudschüler› gewesen und hatte hebräische Schriften studiert, lebt gesetzestreu und ißt deswegen in einem *koscheren* Gasthaus. Nun wird ihm angedichtet, er sei in die Frau des Hauses ein wenig verliebt. Der schmeichelt es, einen Anbeter zu haben, wenn es auch «ein häßlicher, schüchterner alter Jude» ist. Der Ehemann hält ihn für *meschugge*, will ihm aber weiter Unterkunft in seinem Haus gewähren, bis er «mal was ganz Verrücktes anstellt» und die Ehefrau «durch seine Narrheit kompromittiert». Das Wort *meschugge* steht hier in einem Kontext, in dem mit allerlei Details der Physiognomie und der Kleidung, des Verhaltens und der Sprache ein prägnantes Bild der Figur gezeichnet wird. Es ist dabei Ausdruck für eine Narrheit, die sich als Folge der Verliebtheit ergibt, und für eine Wunderlichkeit der Erscheinung und der Lebensform, wie sie gelebtes Judentum der christlichen Umgebung suggerierte.

Ist bei dieser Schilderung keine Geringschätzigkeit wahrzunehmen, so hat Otto Julius Bierbaum vierzig Jahre später den antisemitischen Beiklang hörbar machen wollen, der mit dem Gebrauch des Wortes *meschugge* auch verbunden sein konnte. Im Roman «Prinz Kuckuck» entwirft Bierbaum ein Bild der wilhelminischen Gesellschaft, zu der auch die ganz offen gezeigte antisemitische Grundströmung gehörte. Bierbaum macht sie im satzinternen Kontext eines einzigen Ausrufs deutlich: «Ist das Jüdchen meschugge?»[47] Hugo Ball diente das Wort weder zur liebevollen Charakterzeichnung noch zum antisemitischen Stereotyp, sondern zum poetischen Ausdruck, wie aus einem Brief an Hermann Hesse vom Juni 1921 hervorgeht: «Jetzt schreibe ich Ihnen in ‹meinen› Nächten sozusagen. Draußen rhapsodiert das ganze meschuggene Nachtkonzert – Frösche, Dommeln, Grillen, Bäume. Von Caslano kommt ein einsames Lichtlein herüber und ab und zu weht auch noch ein Vogel mit.»[48]

Meschugge im Jiddischen

Das Wort *meschugge* bildet im Jiddischen den Mittelpunkt einer ganzen Wortfamilie. Die ostjiddische Sprachwirklichkeit erfaßte Harkavy 1898 mit folgenden Ausdrücken: *meschugge* sowohl für ‹verrückt, wahnsinnig, rasend› als auch für ‹verschroben, wunderlich, kauzig› sowie *meschuggener-wajs* für ‹in blinder Wut, toll›;

meschuggene für ‹Verrückte, Wahnsinnige› und das entsprechende Maskulinum *meschuggener* für ‹Verrückter, Wahnsinniger, Geisteskranker›, aber auch für ‹Spinner, Kauz›; *meschuggas* für ‹Wahnsinn, Geisteskrankheit› und ‹Launenhaftigkeit, Marotte›; *meschuggoimhojs* für ‹Irrenanstalt› und den Ausdruck *lojfen meschuggener-wajs* für ‹Amok laufen, rasen›.[49]

Das Auftreten in Sprichwörtern und Redensarten ist ein guter Hinweis auf die Häufigkeit und Beliebtheit eines Wortes. Auch in dieser Hinsicht ist *meschugge* reich belegt. Abraham Tendlau gibt in der von ihm aufgezeichneten Sammlung «Sprichwörter und Redensarten deutsch-jüdischer Vorzeit» vier Beispiele.[50] *Meschuche is sein Prát* ‹toll ist sein Zahlenwerth› sagte man bei der Nennung einer Jahreszahl;[51] *biste meschuche, laß dich anbinde'* hieß es, wenn sich jemand unsinnig verhielt oder wie toll gebärdete;[52] *vor lauter Hoffnung wer' ich noch meschuche* war die volkstümliche Fassung einer Sentenz aus den Sprüchen Salomonis 13,12.[53] Die Satzfolge *wer sorgt auf was vorbei is, das helft nix; wer seufzt auf was vorbei is, der is ein Meschugener* ist ein Zitat aus der älteren jiddischen Literatur.[54]

Aus dem ostjiddischen Sprachraum hat Ignaz Bernstein in seinem Lebenswerk «Jüdische Sprichwörter und Redensarten»[55] zahlreiche Sprüche überliefert. Sechs zu *meschugge*[56] und weitere vier zu *meschuggener*[57] beweisen auch hier Witz und Weisheit des Volkes. Die folgenden Zitate sind in Bernsteins Umschrift belassen, durch die die in hebräischer Schrift gedruckte Originalfassung dem deutschsprachigen Leser nahegebracht werden sollte. *As men sugt: m'schügu, – glojb*[58] wird dem Zweifelnden gesagt worden sein. *Bist dü m'schügu, – los dich binden*[59] ist auch aus dem Westen bekannt. *Bist dü m'schügu, – schlug-że dich kop un der wand, nor andere los gemach*[60] war ein guter Rat, wenn Ausgelassenheit oder Tollheit gar zu sehr überhandnahmen. Die Redensart *Frisch, ün gesund, ün m'schügu*[61] wurde als Kommentar für bizarre Einfälle verwendet. Die jüdische Redensart *M'schüge'ne gens, – m'schüge'ne griwen*[62] entspricht der deutschen *wie der Herr, so's Gescherr*. Auch der Spruch *M'schügu, m'tojrof* [‹verrückt und übergeschnappt›] *ün ferdreht gur jenem dem kop*[63] zeigt, daß in den Volksweisheiten wesentliche Einsichten in die Grundlagen des Zusammenlebens ausgedrückt sind.

Reste des Jüdischdeutschen hat Weinberg aus dem Sprachgebrauch deutscher Juden geborgen, von der Wortfamilie *meschugge* neben dem Adjektiv auch das Substantiv *meschuggener* mit seinem weiblichen Pendant *meschuggene* und dem Plural *meschugō-em*, dazu *meschugās* und *meschugōsem* für ‹Verrücktheit, verrückte Tat, Ansicht›.[64] Zu den Lebensweisheiten gehörte der Satz: *Wenn einer meschugge wird, fängt's im Kopf an.*[65] Den gebrauchte man, wenn man jemandem mitteilen wollte, daß man nicht seiner Meinung sei. *Chetzje* oder *choze meschugge* hieß ‹halb verrückt›, wurde aber auch für ‹total verrückt› gesagt. Der normale Ausdruck war dafür *meschugge ist Trumpf.* Die Steigerung lautete *meschugge-metoref* ‹verrückt und verwirrt›, die auch anderswo üblich war. Idiomatisch war *meschuggener Fisch* für ‹verrückter Kerl›, sprichwörtlich der Satz *Meschugas ist kein' chalās* ‹Verrücktheit ist keine Krankheit›.[66]

Das Wort in der jüdischen Familiensprache

Bis in die Gegenwart haben deutsche Juden mit *meschugge* eine besondere Farbe auf der Sprachpalette. Da sich mit ihm viele Formen abweichenden Verhaltens benennen lassen, war es ein typisches Alltagswort, das deswegen auch mehr mündlich als schriftlich verwendet wurde.[67] Als Franz Kafka 1919 im berühmten «Brief an den Vater» dessen Ansichten über die Standpunkte anderer Menschen in Erinnerung rief, wählte er dazu die Vokabeln, mit denen der Vater seine Urteile gefällt hatte: «Deine Meinung war richtig, jede andere verrückt, überspannt, meschugge, nicht normal.»[68] Achtzig Jahre später ist diese Stelle auch ein Beleg dafür, wie das Wort *meschugge* damals bei deutschsprachigen Prager Juden in ein Feld ähnlicher Ausdrücke eingebunden war, von denen jeder wiederum andere Nuancen ausdrücken konnte.

Den Bezug des Wortes *meschugge* zur jüdischen Mündlichkeit, der aus Kafkas Brief hervorgeht, bestätigen auch Sprichwörter und Redensarten. Sie waren so bekannt, daß man sie im 19. Jahrhundert scherzhaften Gedichten und Parodien für ein jüdisches Publikum zugrunde legen konnte. Ein Heft der von dem Berliner Verleger Eduard Bloch herausgegebenen «Gedichte und Scherze in jüdischer Mundart» trug um 1870 einen Spruch sogar als Titel: «Frisch, gesund und meschugge!»[69] Den Eingangsvers eines humoristischen Gedichts im jüdischen Ton übernahm der jüdische Autor aus Schillers oft parodiertem Gedichtpaar «Die drei Worte»:

Drei Worte nenn' ich Euch inhaltsschwer,
Zwar stammen von ‹unsere Leute› sie her,
Doch sind sie auch anderen Leuten nicht neu,
So gut wie der Jüd sagt auch heute der Goi:
Frisch, gesund und meschugge![70]

Die jüdische Redewendung, der eine so weite Verbreitung attestiert wurde, daß sie auch schon Christen geläufig war, beschloß als Kehrreim jede der vier Strophen.

Daß *meschugge* bei Juden nicht nur ‹verrückt› im klinischen Sinne bedeutete, sondern ‹in einer gegen die Norm verstoßenden Weise nicht normal›, geht aus vielen Verwendungen hervor. Wenn in einem Privatbrief eine Frau als «intelligent, aber zu 80 % meschugge» bezeichnet wurde,[71] dann war diese Bemerkung gewiß nicht für andere Ohren bestimmt. Mit dem Wort *meschugge* konnte aber ein Verhalten gegen die Norm sehr plastisch bezeichnet werden. Auch der *meschuggene Choßen* ‹Bräutigam› der Anekdote[72] war nicht verrückt im landläufigen Sinn, manchmal nicht einmal liebestoll oder beschränkt, sondern handelte nur so, wie man es nicht erwartete. Dabei war er oft ein kluger Rechner, der am Ende als Gewinner dastand. Wer sich für ein schwer vermittelbares Mädchen interessierte, galt dem Brautvater deswegen als ein *klein bische meschugge*. Wenn der Bräutigam aber noch über eigenes Vermögen verfügte, galt er als *total meschugge und metorre* ‹verrückt und verwirrt›.[73]

Wie das Wort im Gespräch verwendet wurde, kann man heute nur schwer nachvollziehen. Einige Male hat es Kurt Tucholsky in den Redeschwall der von ihm erfundenen literarischen Figur «Herr Wendriner» hineingelegt. Als zum Ausdruck der Staatstrauer 1922 der Telephonverkehr für zehn Minuten unterbrochen wird, kommentiert Herr Wendriner das mit den Worten: «Meschugge, das Telefon anzusperren.»[74] Als Urteil über Gerüchte diente der Ausdruck 1925: «Was halten Sie von der Aufwertung? Meschugge – sag ich Ihnen.»[75] Daß ein Jude eine christliche Partei wählt, will Herrn Wendriner 1930 nicht einleuchten: «Hat Welsch wirklich Zentrum gewählt? Meschugge. Ich wern nachher fragen.»[76] Als die Frage gestellt wird, fällt das Urteil über die Antwort genauso aus: «Is das wahr, daß Sie Zentrum gewählt haben? Meschugge.»[77] Aber nicht nur als Kommentar politischen Verhaltens kann der Ausdruck dienen, sondern auch dazu, Handlungsweisen an der Börse zu charakterisieren: «Die Leute haben eine sehr feine Witterung –: wenns gut geht, sind sie stille und verdienen alleine, und wenns schief geht, machen sie die andern meschugge.»[78]

Tucholsky legt seinem Herrn Wendriner das Wort bei dessen längeren Gedankenspielen in den Mund, greift aber auch selbst zu dem Ausdruck, wenn es die Situation erfordert. Über Karl Kraus urteilt er 1925 in einem Brief: «Dieser Mann ist komplett meschugge. Da er im Privatleben keinen Humor hat, und es ganz ausgeschlossen ist, mit ihm über diese Nichtigkeit so zu reden, wie die Sache sie verdient, wäre er im Stande mich zu brüskieren.»[79] Auch hier heißt *meschugge* nicht ‹verrückt›, sondern ‹unberechenbar› oder ‹humorlos›. Sogar auf sich selbst wendete Tucholsky das Wort an, aber auch dies hatte nichts mit irgendeiner Verrücktheit zu tun. In einem Brief beschrieb er 1934 sein Befinden: «Meine mit Verlaub zu sagen Seele ist ganz brav, wie sie immer war, leicht meschugge».[80] Hier heißt *meschugge* vielleicht so etwas wie ‹nicht ganz im Lot›, vielleicht auch ‹krank›, auf keinen Fall jedoch ‹verrückt›.

Daß sich bereits Christen das Wort zu eigen gemacht hatten, war schon um 1860 Anlaß zu jüdischem Humor gewesen.[81] Den Tonfall eines aus Böhmen stammenden Schiebers am Ende des Ersten Weltkriegs notierte Karl Kraus phonographisch genau im Drama «Die letzten Tage der Menschheit»: «Meschugge sind sie mit Hextpreise [Höchstpreisen]».[82] Aber sonst wollte er Nichtjuden die jüdischen Ausdrücke nicht durchgehen lassen, weil er hinter ihrem Gebrauch einen latenten Antisemitismus witterte.[83] Ganz besonders nahm er sich dabei den Sänger Leo Slezak vor, der jüdische Vokabeln als Humorvehikel gebraucht hatte.[84] *Meschugge* war allerdings nicht darunter, denn öffentlich hatte Slezak den Ausdruck nicht in den Mund genommen. Erst im Dezember 1945 erinnerte er sich in einem Brief an seinen Sohn daran, daß er mit seiner Frau in Brüssel einmal ein Geschäft aufgesucht hatte, in dem Brüsseler Spitze verkauft wurde: «die Damen waren ganz meschugge von den Herrlichkeiten».[85] Kraus bezichtigte Slezak aber schon 1925, mit Ausdrücken wie *Chuzpe*, *Mezzie* und *meschugge* um sich zu werfen, um dadurch die Herzen der Juden und Christen zu gewinnen, besonders aber jener, die «das angeborene Verständnis» hätten «und infolgedessen den ‹Kowed› [‹die Ehre›]».[86]

Den Sprachkritiker Kraus, der sich gegen den Gebrauch der jüdischen Ausdrücke verwahrte, hatte Tucholsky nun seinerseits *meschugge* genannt. Das war zumindest eine Respektlosigkeit und blieb deswegen auch dem privaten Meinungsaustausch vorbehalten. Ganz ähnlich klang es 1905 aus dem Hause des deutsch-jüdischen Dichters Karl Wolfskehl, als eine Publikation in polemischer Weise als *Meschugge* tituliert wurde.[87] Auch dies blieb, weil das Wort verletzend wirken mußte, einem ganz privaten Briefwechsel vorbehalten. Es zeigt aber, daß unter deutschen Juden mit dem Wort auch eine heftige Attacke geritten werden konnte.

Eine kleine Meldung in der Tagespresse nahm Karl Kraus 1925 zum Anlaß, über das Wort *meschugge* und seinen Gebrauch nachzudenken.[88] Die Zeitung hatte gemeldet, daß während einer Theateraufführung ein Zuschauer zu singen angefangen habe. Das Publikum wurde unruhig, weil es den Mann für nervenkrank hielt. Der Theaterarzt konnte jedoch feststellen, daß er eingeschlafen war und im Schlaf gesungen hatte. Kraus fiel auf, daß in der Meldung «eine so rauhe Bezeichnung wie ‹ein Irrsinniger›» vermieden und von einem «Nervenkranken» gesprochen worden war, während das Publikum geäußert habe, «daß der Mann meschugge sei».[89] Damit wollte Kraus jedoch nicht nur den landläufigen Ausdruck in seine Rechte einsetzen, sondern zugleich seine Vermutung zum Ausdruck bringen, daß das Theaterstück seines Intimfeindes Franz Werfel ein vorwiegend jüdisches Publikum anziehe. Daß Kraus die Sprachmittel dabei ganz subtil zu wählen wußte, zeigt sich auch hier. Wie das Publikum an dem Vorfall Anteil nimmt, drückt er mit den Worten aus: «Alles beginnt auf ihn einzujüdeln.» Und daß es Juden sind, die einen Krautstrudel bestellen, kann man einem einzigen Buchstaben entnehmen: Sie wollen sich nach Kraus «gütlach» tun.[90]

Meschugge in der jüdischen Anekdote

Die alltägliche Wortverwendung war der Quell, aus dem sich Witz und Sprachwitz der Juden im deutschen Sprachgebiet speisten. Dabei ist zwischen jenen, die sich hier schon lange aufhielten und mehr oder minder assimiliert waren, und jenen, die erst aus den östlichen Gebieten Preußens oder Österreich-Ungarns nach Berlin[91] oder Wien[92] gekommen waren, zu unterscheiden. In Wien bot um die Jahrhundertwende das Quartier in der Leopoldstadt, das von den Zuwanderern bevorzugt und von den wohlhabenderen Juden gemieden wurde, einen Schmelztiegel, wie er sonst wohl nur noch in New York vorzufinden war.[93] Viele lebten von nahezu nichts und machten, um sich über Wasser zu halten, «Luftgeschäfte», also Geschäfte aus nichts und mit nichts.[94] Hier forderte der tägliche Kampf ums Überleben immer neue Einfälle, bei denen man sich, wie Alfred Polgar zur Charakterisierung des Schauspielers und Autors Heinrich Eisenbach schrieb, «für Unterwürfigkeit durch Frechheit zu entschädigen» suchte und «Frechheit durch Unterwürfigkeit zu verhehlen» bestrebt war.[95] Dies fing vor allem das Kabarett ein,[96] in den Jahren bis zum Ersten Weltkrieg in erster Linie die «Budapester Orpheumgesellschaft», die trotz ihres Namens schon lange in Wien ansässig war.[97] Einer ihrer größten Künstler war Heinrich Eisenbach,[98] der sich seine Texte selber schrieb und sie in so unnachahmlicher Weise vortrug, daß Karl Kraus ihn und seine Kollegen gerade wegen der Wahrhaftigkeit des Stils allen Ernstes über die Burgtheater-Mimen stellte.[99]

Ein klassisches Beispiel für die Kunst Eisenbachs, in wenigen Strichen das Milieu und den Hintergrund einzelner Existenzen einzufangen, ist die folgende Anekdote: «Zwei Isroiliten gehn mitanand spazieren. Da gehn se zufälligerweise vorbei beim Sacher. Sagt der Eine zum Andern: ‹Wasste was, Moische, e Geschäft ham mer gemacht, gehn ma erein zum Sacher und kauf'n ma uns e anständiges Nachtmahl.› Drauf sagt der Andere: ‹Was bin ich meschugge? Zu Sacher wer ach geh'n! Iach geh zu Piowatti.› ‹Hör auf, Du Schmutzian›, sagt Jener, ‹komm erein zum Sacher, ich bezahl die Zech, Du Schmierfink.› Sie gehn erein zu Sacher, bestellen ein anständiges Nachtmahl, essen und trinken gut, der Gastgeber zahlt die Zech und gibt dem Kellner 10 Kronen Trinkgeld. Der

Kellner bringt sofort die Überkleider, sie ziehn sich an; wie sie draußen sind auf der Gass'n, sagt der Eine zum Andern: ‹Du bist de gresste Wurzn, die ich in mein Leben gesehen hab, nicht nur daß de de teure Zech bezahlst, gehst du auch noch eher und gibst dem Kellner 10 Kronen Trinkgeld. Biste meschugge?› Drauf sagt der Andere: ‹Nu, und der Pelz is e Hund?›»[100]

Der Text kann die Wirkung, die Eisenbach erzielen konnte, kaum andeuten. Daß die Formulierungen nur eine Partitur für große Sprach- und Schauspielkunst darstellen, läßt sich schon an der von der Sprachmelodie und der jeweiligen syntaktischen Stellung abhängigen Schreibung sehen. *Ich, ach* und *iach* geben dasselbe Personalpronomen wieder, ebenso *du* und *de*. Zweimal wird die kleine Geschichte im Wort *meschugge* fokussiert. Die rhetorischen Fragen *Was bin ich meschugge* und *Biste meschugge* markieren jeweils eine Divergenz zwischen erwartbarem und eingetretenem Handeln, aus der nicht nur die Anekdote, sondern auch die Luftmenschen ihre Existenzberechtigung bezogen. Sie zeigen aber auch die Beschaffenheit des «ans Deutsche anklingenden Verständigungsmittels», auf das sich nach den Worten Friedrich Torbergs «der mährisch-ugrische Kulturkreis mit der Wiener Kultusgemeinde geeinigt hatte – und das vom richtigen Jiddisch, wie es im Osten der Monarchie gesprochen wurde, ebenso weit entfernt war wie vom richtigen Deutsch».[101]

Der von Karl Kraus, Alfred Polgar und Felix Salten hochgelobte Eisenbach war ein Sprachkünstler von Rang. Von seinen verschiedenen Registern, vom «Jüdeln, Böhmakeln, Ungarisch- und Ottakringerisch-Sprechen», war nicht nur Polgar begeistert, der seiner Sprache bescheinigte, sie sei «Lebenssaft der Possenfigur, sie bis in die Haarspitzen durchtränkend».[102] Diese Übergangssprache, die «man oft schon in Prag nur unter Zuhilfenahme eines Brünner Dolmetschers verstand» und auf die man unter den assimilierten Juden Wiens wie in Galizien oder der Bukowina herabsah,[103] könnte eine der Kontaktzonen darstellen, aus der die Jiddismen in größerer Zahl ins Deutsche gelangt sind.

Das Wort in der deutschen Verkehrssprache

Für die Beurteilung der Funktion des Wortes *meschugge* im Deutschen ist es hilfreich, auch andere Wörter mit ähnlicher Bedeutung in den Blick zu nehmen. Dann kann sich zeigen, ob es sich bei *meschugge* um eine Dublette handelt oder ob das Wort als Teilsynonym wesentliche Bedeutungsnuancen und Konnotationen aufrufen kann. Da *meschugge* immer auch mit *verrückt* gleichgesetzt wird, sei zunächst die Gesamtbedeutung dieses Wortes skizziert. Hermann Paul führt 1921 nur ‹närrisch› und ‹irrsinnig› an,[104] auch Betz bleibt 1966 noch bei diesen Angaben.[105] Erst Henne/Objartel geben eine präzise Bedeutungsbeschreibung: ‹an eine andere Stelle gerückt›, häufiger übertragen ‹verwirrt›, ‹geistesgestört›, dazu ‹begierig auf› und schließlich ‹extravagant›, ‹unkonventionell›.[106] Die übertragene Bedeutung ‹verwirrt›, ‹geistesgestört› entwickelt sich seit dem 16. Jahrhundert und ist in der Goethezeit schon üblich. Nach Henne/Objartels Beobachtung wird *verrückt* heute kaum noch in standard- und fachsprachlichem Kontext gebraucht und ist dort von *verwirrt, geistesgestört, psychopathisch* und *desorientiert* verdrängt worden. Darin mag sich auch das gewachsene Bewußtsein für die Würde kranker Personen ausdrücken.

Von dieser Bedeutungsbeschreibung unterscheiden sich die Angaben in den beiden großen Wörterbüchern zur deutschen Gegenwartssprache doch erheblich. Das Ost-Berliner Wörterbuch gab 1977 die Gesamtbedeutung mit ‹nicht normal› an und unterschied drei Teilbedeutungen, die mit Kontextbeispielen noch weiter ausdifferenziert wurden: erstens ‹geisteskrank, wahnsinnig›, zweitens ‹närrisch, ausgefallen, überspannt›, drittens salopp ‹sehr groß, stark›.[107] Der Duden brachte 1981 eine ähnliche Auflistung: erstens salopp ‹krankhaft wirr im Denken und Handeln, geistesgestört›, zweitens umgangssprachlich ‹auf absonderliche, auffällige Weise ungewöhnlich, ausgefallen, überspannt, närrisch›, drittens umgangssprachlich, intensivierend bei Adjektiven ‹über die Maßen, außerordentlich, sehr›.[108] Beide Wörterbücher paraphrasieren, wenn auch unvollkommen, die Teilbedeutungen, geben aber keine Hilfe zum Verständnis, weil die Grundbedeutung ‹von der Stelle gerückt› nicht einmal mehr erwähnt wird.

Meschugge kann in dieses Bedeutungsfeld nicht vollständig eintreten. Es wird weder für die Grundbedeutung von *verrückt* ‹von der Stelle gerückt› noch für die saloppe Steigerung verwendet, die in der heutigen Werbesprache ja auch schon einmal durch *irre* wie bei *irre cremig* ausgedrückt werden kann. Seine Funktion beschränkt sich daher, soweit es um Kontexte geht, in denen *meschugge* für *verrückt* steht, auf die Bezeichnung der Berückungen des Hirns, ob sie nun alltäglich oder krankhaft sind und ihre Bezeichnung scherzhaft oder ernst gemeint ist.

In seiner begrifflich gegliederten Darbietung des deutschen Wortschatzes hat Franz Dornseiff das Wort *meschugge* nur einmal aufgeführt, und zwar im Abschnitt «verrückt», der das Kapitel «Das Denken» abschließt.[109] Dort gibt *meschugge* einen Farbtupfer in einem Wortfeld ab, das vom bairischen *anbrennt* über *bekloppt, bestrampelt, bestußt* und *brägenklittrig* bis zu *jeck, plemplem, überkandidelt* und *wunderlich* eine große Zahl ähnlicher Bezeichnungen vereinigt. Fast alle Wörter drücken eine besondere Nuance aus. Sie kann im Sachverhalt und dessen Einschätzung, aber auch in der Person des Sprechenden oder im Zweck der Formulierung liegen. *Meschugge* ist hier nicht das einzige fremde Wort. Auch *bestußt* und das von Dornseiff nicht genannte *stußköpfig* gehen auf einen jiddischen Ausdruck zurück. Wie in vielen anderen Fällen gibt sich auch hier der Volksmund mit den hochsprachlichen Bezeichnungen nicht zufrieden. Das Volk läßt, wie Kafka einmal vom Jiddischen bemerkte, die Sprache den Grammatikern nicht.[110] Die Jiddismen sind also keineswegs entbehrlich, sondern bilden an besonderen Brennpunkten eine hochgeschätzte Bereicherung des Wortschatzes.

Funktionen des Wortes in der Gegenwart

Nach diesem Überblick sind wir vorbereitet, das Wort *meschugge* in Kontexten aus der Zeit nach 1945 nun vielleicht anders zu verstehen als zuvor. Die folgenden drei Beispiele entstammen Lebensläufen, die in Interviews erfragt wurden. Ein Traktorist, wohl etwa Anfang der dreißiger Jahre geboren, der in Mecklenburg gearbeitet hat, berichtet von seinem Gesuch, aus der Volkspolizei entlassen zu werden: «Sie haben mir noch zugeredet, bleib' doch noch. Ich sagte, bei mir is' nischt mehr, hier Sense. Nu' laß doch mal jeden hier 4 1/2 Jahre rummachen, da wirste ja meschugge.»[111]

Eine Dompteuse, ebenfalls in der Vorkriegszeit geboren und in Berlin aufgewachsen, erzählte von Zwischenfällen mit Löwen und Braunbären: «Im Wintergarten is mir mal'n Ding passiert: also da war' ne Chinesennummer dran, da waren die Tiere ganz verrückt von, die können Chinesen nich riechen. Japaner ooch nich. Die Tiere gingen mir bald durch, und alles doch im Wintergarten, wo ohne Gitter gearbeitet wird. Die Tiere sind zwar angepflockt mit langen Ketten, aber trotzdem! Das Publikum tobte, die dachten, das muß so sein, wie die Tiere sich gebärdeten wie verrückt, und ich immer dazwischen mit der Peitsche und krieg' die kaum hin. Mir ist der Schweiß nur so runterjekleckert, Riesenapplaus! Der Direktor macht sich bald ins Hemde, so schön war's. Ick sage: Herr Direktor, det war nich im Programm. Nehmen Sie morgen bloß die Chinesen weg und legen Sie se hinter mir, ick garantier sonst für nischt. Dasselbe Theater, wenn vorher 'ne Taubennummer läuft. Der Geruch von Tauben wirkt auf Raubtiere wie Chinesengeruch, die Viecher können den nich vertragen, die spielen dann meschugge, und bei den großen Biestern kann das ins Auge gehn.»[112] Und schließlich berichtet eine westdeutsche Kaufhaus-Kassiererin: «Meine Arbeitszeit ist von zehn vor neun bis zehn nach halb sieben. Das ist eine lange Zeit. Wir haben Pausen, zwanzig und fünfzig Minuten. Die braucht man, man ist da manchmal meschugge.»[113]

Das sind drei Verwendungen aus neuerer Zeit, wahrscheinlich mündlich und spontan geäußert. Für *meschugge* hätte man hier ohne Nachdenken vielleicht jedesmal ‹verrückt› eingesetzt. Jetzt aber läßt sich differenzieren, wenn auch die Bedeutungen nur Mutmaßungen bleiben. Am dichtesten an der üblichen Bedeutung war der ehemalige Volkspolizist. Er wollte wohl sagen, eine solche Tätigkeit halte man nicht aus, da werde man ‹fast verrückt›. Hingegen könnte die Kassiererin gemeint haben, die Tätigkeit ohne Pausen sei so anstrengend, daß man ‹nervös›, ‹erschöpft› oder sogar ‹krank› werde. Die Dompteuse nannte ihre Raubtiere in extremen Reizsituationen *meschugge*, was vielleicht ‹wild› oder ‹außer Rand und Band› bedeuten sollte. Aus der Betrachtung der Texte läßt sich nun folgern, daß der Sprachgebrauch um vieles differenzierter ist, als die Wörterbücher der Gemeinsprache und auch der Umgangssprache es in diesem Fall suggerieren.

In besonderem Maße haben Autoren, die in deutscher Sprache über jüdische Themen schreiben, seit den sechziger Jahren von dem Ausdruck *meschugge* Gebrauch gemacht. Wenn sich Robert Neumann an Personen erinnerte, die seinen Lebensweg flüchtig gekreuzt haben, leuchtete mit dem Wort *meschugge* stets ein Schweif von Konnotationen auf, den der Ausdruck bei Juden früher mit sich führte. Einem Drehbuchautor, der seine Film-skripts «mit wissenschaftlicher Akribie, mit unerschütterlicher Solidität» erstellte, bescheinigte Neumann, «keine meschuggenen Wellen» in den Stoff gemacht zu haben.[114] Auch für eine Lyrikerin aus Basel holte Neumann das Wort aus dem Köcher. Sie war die Tochter jüdischer Eltern aus der Gegend von Wien, die in den zwanziger Jahren zu einem «Schwarm mystisch-religiös Erweck-ter» gehörten, hieß Monica und nannte sich Dämonica. Neumann adelte sie durch die Bemerkung, sie sei «das offenbar auf eine rei-zende Weise ein wenig meschuggene Dichtermädchen».[115]

Von dieser Hintergründigkeit ist nicht viel zu spüren, wenn jid-dische Ausdrücke der Charakterisierung von Romanfiguren oder der Situationszeichnung dienen. Dann wird mit Klischees hantiert wie 1997 in Rafael Seligmanns Roman «Der Musterjude», wenn die Mutter des Protagonisten Moische Bernstein die Umgestaltung eines Jeans-Ladens im Disco-Stil mit der Bemerkung rechtfertigt: «Die Gojim lieben diesen meschuggenen Krach».[116] Da werden gleich zwei jiddische Ausdrücke in einen kurzen Satz gestopft, *Gojim* ‹Nichtjuden› und *meschugge*. Die stereotype Verbindung kommt dem Helden schon bald wieder in den Sinn, wenn er sich fragen muß: «Meinte der Goj es ernst, oder wollte er ihn total me-schugge machen?»[117] Weil es sich so gut macht oder das Denken in Klischees zum Rüstzeug eines Chefredakteurs gehört, der als Jeansverkäufer begonnen hat, wird die bewährte Wörtermischung noch ein drittes Mal aufgegossen. Jetzt spricht der Erzähler, der Moische Bernsteins Gedanken lesen kann: «Nebbich! Der Chefre-dakteur verspürte wenig Lust wie der Goj von Ense den Hampel-mann zu spielen». Einige Sätze danach heißt es: «Er mußte schleu-nigst Ordnung schaffen, sonst ruinierte der Meschuggene das Blatt und riß ihn mit in den Abgrund.»[118]

Diese enge Verzahnung jiddischer Ausdrücke wird von Jan Ko-neffke in seinem Roman «Paul Schatz im Uhrenkasten» noch übertroffen. Hier treten nahezu musikalische Formen der Häu-

fung und Wiederholung auf. Wenn das Wort in einer Frage eingeführt wird, erscheint es nur einmal: «War man meschugge, wenn
man liebte?»[119] Bei der Anekdote von der meschuggenen Braut
kommt es schon zweimal vor. Jossele, ein «Habenichts und
Hungerleider», wünscht sich eine junge, schöne, gebildete und
vermögende Braut. Der Schadchen antwortet: «ein Maderl, das
ansehnlich ist und etwas Geld und Bildung hat und zwanzig ist und
dich zum Mann nimmt, muß ja meschugge sein». Darauf erwidert
Jossele: «o ja, meschugge darf sie sein. Meschugge darf sie sein».[120]
Dreimal findet sich das Wort schließlich in dem Ausruf: «Er ist
meschugge, meschugge, meschugge».[121]

Wenn Wolfgang Stammler davon sprach, die Jiddismen müßten
noch genauer untersucht werden,[122] meinte er wahrscheinlich vor
allem deren etymologische Herleitung und den Nachweis ihrer
Verbreitung. Wie aber hier zu sehen ist, betrifft die Aufgabe mindestens genauso die Semantik und Stilistik. Der familiäre Sprachgebrauch bei deutschen Juden und die differenzierte Verwendung
in den Bauernmundarten zeigen, daß die Behauptung der Sprachwissenschaftler, das Wort *meschugge* sei über das Rotwelsche ins
Deutsche gekommen, nicht zu halten ist. Zwar kann es auch auf
dem Weg über die Gaunersprache entlehnt worden sein, doch verlief der wichtigere Weg zweifelsohne über den direkten Kontakt
mit Juden. Daß sich dabei ganz verschiedene Gebrauchsweisen er-
gaben, die nach Gegend, Sozialschicht und Zeitpunkt der Übernahme stark divergierten, ist aus den aufgeführten Beispielen deutlich geworden.

Ein wichtiger Verwendungsbereich war die humoristische Literatur, die auch von Nichtjuden gern gelesen wurde. Seine Spätlese
jüdischer Schnurren und Anekdoten versah Hans Ostwald 1928
noch einmal mit dem Titel «Frisch, gesund und meschugge».[123] Im
gleichnamigen Kapitel gaben die Anekdoten vom *meschuggenen
David* und vom *meschuggenen Proskauer* Beispiele dafür ab, wie
meschugge jemand sein kann, was es im Gegensatz dazu bedeutet,
richtig meschugge zu sein, und daß einer dann *so meschugge* doch
nicht ist.[124] Daß sogar die Sprache *meschugge* sein kann oder dafür
gehalten wird, hat Paul Nikolaus 1924 erzählt:

«Ich geh' auf der Post, Herr Löb.»
«Es heißt: auf die Post!»

«Ich komm von die Post, Herr Löb!»
«Simpel, es heißt von der Post!»
»Meschuggene Sprache, aufm Hinweg heißt se die Post, aufm Heimweg heißt se der Post.»[125]

Manches vom überlegenen Witz solcher Geschichten ist heute unwiederbringlich verloren, anderes bewahren Schnurren und Anekdoten. Ohne Kenntnis des jiddischen Vokabulars in der deutschen Sprache und seines kulturellen Hintergrundes lassen sie sich aber meist nur unzureichend verstehen.

3.

Die Macken der Malocher
Wortschablonen im Sport

Sucht man Jiddismen in der heutigen deutschen Presse, dann findet man sie besonders häufig im Sportteil. Vom Charakter des Erzeugnisses und den Ansprüchen der Redaktion hängt allenfalls die Frequenz ab. Wörter aus dem Jiddischen gehören hier zum Repertoire. Sportjournalisten verwenden sie sowohl in der Tagespresse als auch in Zeitschriften, in Zeitungen mit überregionaler und internationaler Verbreitung wie im Lokalblatt, in seriösen wie in marktschreierischen Druckwerken und schließlich auch in der populären Fachpresse. Manche sind in solchem Maße erwartbar, daß sie sich fast vorhersagen lassen.

Als sich Anfang Dezember 1994 zunächst der Trainer und dann die Vereinsleitung des Fußballklubs Eintracht Frankfurt entschlossen, drei Stammspieler künftig nicht mehr einzusetzen, ihnen aber gleichwohl nicht zu kündigen, hätte man auf die Benutzung des aus dem Jiddischen stammenden Wortes *Zoff* zur Beschreibung der Situation eine Wette annehmen können. Der Trierische Volksfreund würzte einen Bericht über den Machtkampf in Frankfurt zwischen dem Trainer Jupp Heynckes und den Spielern Yeboah, Gaudino und Okocha mit einem Photo aus dem Stadion.[1] Man sah Zuschauer auf den Rängen und ein Transparent, auf dem zu lesen war: «Yeboah Du enttäuschst! Gaudi muß weg!». Die Bildlegende aber lautete: «Zoff in Frankfurt: Unmut über ‹Profi›-Verhalten.»

Für zwei Spieler fand Eintracht Frankfurt eine elegante Lösung, die den Klub vor weiterem finanziellen Schaden bewahrte: Transfer als Leiharbeiter zu einem englischen Verein. Während der eine den neuen Vertrag sogleich annahm, zögerte der andere mit der Unterschrift. «Bild» sprach aus, was Deutschland dachte: «Für Yeboahs Zögern bei der Unterschrift gibt es nur eine Erklärung: Der Ghanaer will noch einmal richtig abkassieren.» Und so lautete die für «Bild» typische Überschrift: «Yeboah. Jetzt will er noch richtig abkassieren.»[2] Dennoch lag die Zeitung mit ihrer Vermutung wohl doch nicht richtig, denn zweieinhalb Wochen später stellte «Sport-Bild» richtig, daß «die astronomischen Gehaltssummen bis zu 2,7 Millionen Mark jährlich, die immer wieder durch die Medien geistern», völlig aus der Luft gegriffen seien. «Yeboah hatte sogar angeboten, sein Gehalt offenzulegen. So sehr haben ihn die Anschuldigungen – wie Abkassierer, Abzocker, ja sogar Erpresser war er genannt worden – gekränkt. Aus Verbitterung darüber lehnte er alle Interviews vor seiner Abreise ab.»[3] Die Frankfurter Allgemeine wurde mit einem Text desselben Journalisten, der als freier Mitarbeiter für verschiedene Blätter arbeitete, noch deutlicher: «England ist für den Ghanaer nur eine ‹Notlösung›. Anthony Yeboah rechnet insgeheim mit der Rückkehr. [...] Frankfurt verläßt Anthony Yeboah mit tiefem Groll im Herzen, nicht nur wegen seines Intimfeindes Jupp Heynckes. Tief gekränkt hätten ihn die ‹unwahren Berichte› in den Medien, die ihn als ‹Abkassierer›, ‹Abzocker› und sogar als ‹Erpresser› im Poker um den Transfer nach England hingestellt hätten.»[4]

Mit *Zoff* und *Abzocker* spielen hier zwei aus dem Jiddischen stammende Wörter eine Rolle. Das eine wirkt als Wortschablone für eine bestimmte Situation, das andere als Auslöser einer tiefen Kränkung. Doch muß man sich den Zusammenhang verdeutlichen. Nicht ein Ostjude oder ein längst assimilierter deutscher Jude wird hier durch ein Rotwelsch-Wort, das auf eine jiddische Wortwurzel zurückgeht, beleidigt, sondern ein Afrikaner, der sich seit einiger Zeit aus beruflichen Gründen in Deutschland aufhält und sich in diesem Zusammenhang als Objekt öffentlicher Neugier behandeln lassen muß. Wenn er, über den Woche für Woche in den Medien berichtet wird, an einem einzigen Wort Anstoß nimmt, muß das schon gravierend sein. Gravierend ist hier aber nicht das frühere jüdische oder gar antisemitische Konnotationspotential, das offensichtlich gar keine Rolle mehr spielt, sondern der neue Verwendungszusammenhang. Er wird mit *Abkassierer, Abzocker* und *Erpresser* gleich durch drei ähnliche Ausdrücke aufgerufen. Ob diese Beispiele für den Stil der Sportpresse repräsentativ sind, muß an weiterem Material geprüft werden. Dabei muß sich zeigen, ob die einzelnen Ausdrücke unbelastet gebraucht werden können oder in besonderer Weise semantisch aufgeladen sind.

Maloche im Fußball

Als die deutsche Fußball-Nationalmannschaft bei der Weltmeisterschaft 1994 ziemlich sang- und klanglos aus dem Turnier ausschied, ging ein Aufschrei der Empörung durch den deutschen Blätterwald. Die finanziell verhätschelten Spieler hätten es nicht mehr nötig, sich für unvorstellbar hohe Gagen noch richtig zu quälen. Wer nicht wie die großen Spielgestalter der siebziger Jahre als außergewöhnlicher Fußballkünstler vom Erfolg verwöhnt wurde, mußte wenigstens durch Fleiß und Einsatzwillen mangelnde Fähigkeiten auszugleichen trachten. All den Biederen, die nicht wie Netzer «aus der Tiefe des Raumes» kommen konnten, wurde abverlangt, als Gegenleistung für das Eintrittsgeld der Zuschauer im Training wie im Wettkampf den Schweiß der Edlen zu vergießen.

Rudi Gutendorf hatte darum als Trainer des FC Schalke 04 seine Spieler in aller Frühe zu Schichtbeginn um die Werkstore der Zechen in Gelsenkirchen laufen lassen. Das stärkte das Wir-Gefühl auf Schalke, wo die Kumpels wie im ganzen Ruhrgebiet von Anfang an ihre Heimat in Traditionsvereinen, in der Taubenzucht und im Fußball fanden. Die schwere Arbeit eines *Malochers,* des Bergmanns im Untertagebau, ließ sich offenbar nur ertragen, wenn Idole die Emotionen kanalisierten. Das starke Gemeinschaftsgefühl dieser Industriearbeiterschaft, ohne das die Solidargemeinschaft unter Tage verloren wäre, ließ sich über Tage und in der Freizeit in idealer Weise im Fußballverein ausleben.

Diese besonderen sozialen Voraussetzungen für den Fußballsport im Revier, die sich bis heute in der emotionalen Einstellung der Mitglieder und Anhänger der beiden großen Vereine Borussia Dortmund und FC Schalke 04 erhalten haben, geraten von Zeit zu Zeit auch in den Blick der Journalisten. «Polnisches Adreßbuch oder Die Aufstellung vom FC Schalke 04?» fragte Holger Jörki, als er dieser Besonderheit des Fußballs «Marke Kohlenpott» nachging⁵ und bemerkte, daß manchmal ganze Mannschaften Namen wie Tibulski, Szepan, Kuzorra, Tilkowski, Sawitzki oder Szymaniak trugen. Der Verein war Familien-, Heimat- und manchmal wohl auch Religionsersatz. Erfolge und Mißerfolge hatten darum gerade bei diesem Verein immer außergewöhnliche Folgen.

Malocher Schafstall bringt Fortuna das Arbeiten bei

Bei Siegen geriet die Glück-auf-Kampfbahn in einen Glückstaumel ohnegleichen, bei Niederlagen schien die Welt unterzugehen. «Pleiten, Pokale und Pils» überschrieb darum Rolf Bauerdick einen Bericht über «Tragik und Komik rund um den Absteiger FC Schalke 04»,[6] in dem er Anhänger und Vereinsführung porträtierte und einen hervorhob, den «Malocher, der keine Arbeit hat, dafür aber eine Jahreskarte vom FC».[7] Das waren sie, die «knorrigen Männer mit den ‹kis›, den ‹cezets› und ‹ypsilons›». Sie waren «fleißige ‹Malocher›, die sich in ihrer einfachen Mentalität der Stammbevölkerung anglichen und deren Respekt und Wohlwollen erwarben».[8]

Aus diesen Beispielen ersehen wir, daß sich nicht mehr allein die Zuschauer mit den Spielern identifizierten, sondern daß auch die Spieler sich ihrer Anhängerschaft emotional und sprachlich angenähert hatten. Als *Malocher* verstanden sich nun nicht mehr nur die Arbeiter im Industrierevier, sondern auch jene Fußballspieler, die das Spiel als harte und schweißtreibende Arbeit anzusehen bereit waren. Der legendäre Ernst Kuzorra sagte einmal: «Wir haben unter Tage malocht und sind anschließend auffen Platz gegangen. Ich war 17: Sonntags morgens hab ich inne Jugend gespielt, en Würstken gegessen, kurz geduscht und danach inner Ersten weitergemacht. Außer Schalke gab et für uns nix.»[9] Seit Rudi Gutendorfs Zeiten galt bei den Ruhrgebietsvereinen *Maloche* auf dem Trainingsplatz und im Wettkampf als Arbeitsziel für den Berufsspieler. Das wurde von Trainern und Journalisten immer wieder beschworen. Darum forderte Dortmunds Trainer 1992 beim Spitzenspiel gegen den FC Bayern München «harte Maloche»,[10] doch vergaß er bei «aller Maloche» nicht, daß «Fußball ein Fest ist».[11]

Maloche war für Trainer und Spieler, die aus dem Ruhrgebiet stammten, ganz selbstverständlich, und so konnte der «Malocher Schafstall» der Mannschaft von Fortuna Düsseldorf beibringen,

Ottmar Hitzfeld fordert gegen die Bayern „harte Maloche"

was Fußballspielen bedeutet, wenn es als Arbeit betrieben wird.[12] Auch Spielern und Trainern, die nicht aus dem Revier stammten, aber vor ihrer Fußballkarriere einen Beruf als Handwerker oder Industriearbeiter ausgeübt hatten, wurde attestiert, daß sie wüßten, was Arbeit ist und das deswegen auch von ihren Mannschaften fordern würden. «Mit ‹Maloche› will Klaus Schlappner die Eintracht schlagen», schrieb die Frankfurter Allgemeine[13] und vermutete: «Weil gegen Frankfurt [...] ein weiteres Stück spielerischer Stärke fehlt, dürften an diesem Samstag die am häufigsten gebrauchten Worte in Klaus Schlappners Dienstanleitung, ‹Maloche› und ‹Engagement›, noch häufiger fallen als ohnehin gewohnt.»

Sogar dem Bundestrainer, den angesichts ausbleibender Erfolge der Trierische Volksfreund «Armer, kleiner Berti» nennen durfte, wurden Fleiß und Mühe bescheinigt: «Liefert harte Maloche ab, so wie vor seiner Laufbahn als Profifußballer acht Stunden täglich an der Werkbank.»[14] *Maloche* wertete die Süddeutsche Zeitung als Voraussetzung für beruflichen Erfolg im Fußball, besonders dann, wenn die spielerischen Anlagen keineswegs außergewöhnlich sind.[15] «Der beschwerliche Weg des Münchner Stürmers Labbadia aus der Provinz ins Nationalteam» faszinierte nicht nur die Journalisten, sondern überraschte auch einen Insider. Nach Kenntnis der Zeitungsredaktion fand es Uli Hoeneß, der Manager des FC Bayern München, «‹bemerkenswert›, was man mit Maloche ‹alles erreichen kann›».

Wie weit verbreitet die Ansicht vom Nutzen und der Notwendigkeit der *Maloche* im Fußball inzwischen ist, konnte man einem Kommentar der Frankfurter Allgemeinen entnehmen, in der nicht nur über die Sache, sondern auch über das Wort und seine Verwendung räsoniert wurde: «Der November ist nicht die Zeit für Feste, sondern die zur Arbeit, oder – wie sie auf Schalke sagen – für Maloche. Der stolze FC Bayern beispielsweise wird auf einmal zur Maloche gezwungen und hält ein Nullnull-Ergebnis bereits für Fortschritt. Die in Leverkusen wurden von jenen aus Nürnberg daran erinnert, daß Träume im Gegensatz zur Maloche stehen. In Rostock wird die Arbeit sicherlich nicht als Maloche bezeichnet, aber das Ergebnis hier gegen die aus Köln entsprang der gleichen Machart.»[16] Dahinter verbirgt sich die allgemeine Ansicht, daß in Zeiten mangelnden Spielwitzes durch körperlichen Einsatz und Anstrengung wettgemacht werden müsse, was früher Spieler-persönlichkeiten wie Fritz Walter, Franz Beckenbauer und Günter Netzer aufgrund ihrer Begabung vermocht hätten. Es seien «zu viele Schönspieler und zu wenige Malocher im Kader», beklagte diese Zeitung schon 1991 bei einer Kritik der Nationalmann-schaft.[17]

Maloche im Deutschen und Rotwelschen

In die großen Wörterbücher der deutschen Sprache sind die jiddi-schen Wörter *Maloche* und *malochen* erst in allerjüngster Zeit aufgenommen worden. Das «Wörterbuch der deutschen Gegen-wartssprache» hat sie 1974 noch nicht genannt.[18] Kluges Etymo-logisches Wörterbuch enthält das Stichwort *Maloche* erst seit der 22. Auflage 1989,[19] ebenso Pauls Deutsches Wörterbuch erst seit der 9. Auflage 1992.[20] Auch Heinz Küpper, der Lexikograph der deutschen Umgangssprache, hat die Wortfamilie erst 1963 doku-mentiert.[21] *Maloche* ‹Schwerarbeit› belegt er aus schriftlicher Quel-le für das Jahr 1955 aus Dortmund, die Bedeutung ‹Kunstgriff› aus eigener Sammlung aus Berlin. Vom Verb *malochen* behauptete Küpper 1963, die Bedeutung ‹Schwerarbeit verrichten› sei «in ganz Deutschland verbreitet, vor allem bei Bergleuten, Hüttenarbeitern, Tiefbauarbeitern, Maurern usw.». Dabei fiel ihm auf, daß beson-ders «viele Meldungen aus dem Ruhrgebiet» stammten. Für die zweite, von Küpper genannte Bedeutung ‹einen Kunstgriff anwen-den›, die in Berlin bekannt gewesen sein soll, fehlt jeder Beleg. Viel-leicht hat sie der Lexikograph analog zur Bedeutung des Substan-tivs *Maloche* selbst gebildet.

In Küppers zweitem Wörterbuch der Umgangssprache hat sich die Wortfamilie um einige Mitglieder vermehrt. Die früheren An-gaben sind in Details korrigiert und präzisiert.[22] *Maloche* wird wieder als ‹Schwerarbeit› und ‹schwerer, anstrengender Dienst› verstanden, doch wird der Gebrauch nun mit «gemeindeutsch vorwiegend nach 1945 geläufig» angegeben. Als neue Bedeutungen nennt Küpper aus der Sprache der Schüler seit 1960 ‹Klassenarbeit› und ‹häusliche Schularbeiten›. Die Bedeutungen ‹Arbeitsstätte, Fabrik›, ab 1945 gebräuchlich, ‹Diebstahl, Täuschung, Betrug› und ‹Kunstgriff› erweitern den Nachweis des Wortgebrauchs um einige Facetten. Der Lexikograph mutmaßt, ‹Kunstgriff› sei «vielleicht als Vortäuschung schwerer Arbeit oder redlicher Arbeit» zu verstehen. Die Behauptung, das Wort sei so seit 1920 in Gebrauch, wird zudem mit einem Fragezeichen versehen. *Fiese Maloche* für ‹unangenehmer, körperlich anstrengender Dienst› und *harte Maloche* für ‹schwerer Dienst› weist Küpper seit 1965 nach. In derselben Weise werden auch die Angaben zu *malochen* präzisiert. Die Bedeutung ‹schwere körperliche Arbeit verrichten›, die er 1963 noch als in ganz Deutschland verbreitet bezeichnet hatte,[23] grenzte er 1984 auf die Industriearbeiterschaft, vorwiegend im Ruhrgebiet, ein, während für die Bedeutung ‹einen Kunstgriff anwenden›, die zunächst nur aus Berlin belegt wurde, diese Beschränkung und auch das Fragezeichen zur Datierung «ab 1920» nun entfallen sind.[24]

Neu sind Ableitungen und Zusammensetzungen. *Malocher* ‹Schwerarbeiter› und ‹Arbeiter› fand Küpper in der Sprache der Industriearbeiter ab 1900, mit der Bedeutung ‹Mannschaften› auch im Jargon der Bundeswehr ab 1965. Aus diesem Bereich stammt auch *Malocherdreß* für ‹Arbeitsanzug› und *Malocherhut* für ‹Arbeitsmütze›, beides seit 1965 gebraucht. *Malocherei* ‹Schwerarbeit› und ‹anstrengende Bemühung› will Küpper seit 1920 nachweisen können, ebenso *malochern* ‹betrügen›. Bei den Wortschöpfungen *Malocherpenne, Malocherschule, Malocherschuppen* und *Malocherunterhaltungspenne*, die Küpper ab 1960 aus Westdeutschland für ‹Berufsschule› gehört oder gelesen hat, ist noch stärker als bei den anderen zu bezweifeln, daß es sich um mehr als um ad hoc gebildete und ungeprüft ins Wörterbuch aufgenommene Zusammensetzungen handelt. Wie die Wortlisten und -belege zustande gekommen sind, hat Küpper selbst beschrieben. Nicht jede Quelle verdient Vertrauen. Wenn Studenten «in froher Zecherrunde ihre Ergänzungslisten» für Küppers Wörterbuch zusammengetragen haben,[25] mag sich manche im Übermut geprägte Formulierung darunter befunden haben, die nun mit Mühe wieder ausgeschieden werden muß.

Der große Duden hat *Maloche* schon 1978 gebracht.[26] In der zweiten Auflage wurden weitere Belege hinzugefügt: *Arbeitsverdienst für einen ganzen Monat Maloche* und *die Maloche unter Tage*.[27] Der Gebrauch wird weiterhin als salopp bezeichnet. Das gilt auch für *malochen, Malocher* und *Malocherin*. Diese Wörter finden sich nicht nur in der Presse, sondern auch in der Literatur. In Günter Grass' Roman «Der Butt» heißt es: «Wenn wir fixfertig sind vom Malochen, bleibt nur noch die Glotze.» Einen Nachweis für die Verwendung des Wortes in der Zeitung steuert auch das Brandenburgisch-Berlinische Wörterbuch für das Jahr 1980 bei.[28] Dort wird auch die Behauptung von 1963, *Maloche* habe in Berlin ‹Kunstgriff› bedeutet, die Küpper 1984 mit einem Fragezeichen versehen hat, als Tatsache zitiert. Wie sich lexikographische Mitteilungen von Vermutungen zu Feststellungen entwickeln können, ohne daß es in der Sache auch nur einen Hauch genauerer Kenntnis gäbe, läßt sich hier gut verfolgen.

Aus diesen Beispielen kann man ersehen, daß *Maloche* und *malochen* in der deutschen Umgangssprache erst in neuerer Zeit häufiger gebraucht werden. Anders ist es im Rotwelschen und in den Mundarten. Die Wörter erscheinen dort in so vielen lautlichen Spielarten, daß die Fachleute sie aus dem lebendigen Gebrauch und aus der schriftlichen Überlieferung erst herauspräparieren müssen. Im Rotwelschen ist *Meloche, Melouche, Maloche, Maloge* in der Zeit von 1822 bis 1922 immer wieder für ‹Arbeit, Beschäftigung, Gewerbe, Handwerk› genannt worden.[29] *Melocher, Melochner, Melochener, Maluchner, Malucher* und *Malocher* ist für ‹Arbeiter, Handwerker, Macher, Verfertiger› aus dem Zeitraum von 1847 bis 1922 belegt, mit leicht veränderter und spezifizierter Bedeutung bereits seit 1750. *Malocher* wird zu diesem Zeitpunkt ein ‹Schreiber› genannt, *linker Malocher* ‹ein Schreiber, der Pässe fälscht›. 1755 heißt der ‹Paßfälscher› *Maloga*, zur selben Zeit wird auch ein ‹Schneider› als *Malocher* bezeichnet. *Melochnen, melochen, melochinen, malochnen, malochenen, malochen, malachen* und *maluchen* für ‹arbeiten, machen, tun, verfertigen, schreiben› ist schon ab 1750 nachgewiesen. Für das ‹Zuchthaus› wird zwischen 1822 und 1922 im Rotwelschen die Zusammensetzung *Melochebajes*, die auch in leicht modifizierter Lautgestalt und Schreibung vorkommt, verwendet. Eine Quelle, die eher Jiddisch als Rotwelsch wiedergibt, bezeichnet 1840 den ‹Handwerksbur-

schen› als *Melochestift* und das ‹Arbeitszeug› als *Melochezeug.*
Unter Wiener Gaunern, Zuhältern und Dirnen bedeutet *meloch-nen* ‹ohne Nachschlüssel öffnen›.[30]

Aufgrund dieser Quellen wird heute behauptet, das Wort *Maloche* sei über das Rotwelsche ins Deutsche gelangt.[31] Dem wäre nicht zu widersprechen, wenn es keine Nachweise in den deutschen Mundarten, vor allem des Südwestens, gäbe. Denn dort sind die jiddischen Wörter in vielen Fällen direkt aus jüdisch-deutscher Nachbarschaft und Kontakten beim Vieh- und Hausierhandel entlehnt worden.[32] In der Nähe des Rotwelschen bleiben die Nachweise, die Hermann Fischer im Schwäbischen Wörterbuch gegeben hat und die aus verschiedenen Spielarten der Geheim- und Sondersprachen stammen.[33] *Malochen* heißt hier ‹machen›, *Hosper malochen* ‹aufmachen›. Bei der zweiten Bedeutung ‹plündern› ist der gaunerische Sprachgebrauch aus den Kontexten gut erkennbar. *Socht malochen* ‹einen Kramladen plündern›, *Matof malochen* ‹in einen Keller einbrechen›, *Kangeri malochen* ‹Kirche bestehlen› und *einen Galach malochen* ‹einen Geistlichen plündern› zeigen, woher hier der Wind weht. Dazu paßt, daß in einer dieser Quellen *Malocher* für ‹Räuber› verwendet wird. Im Jenischen, einer Krämersprache, heißt *malochen* ‹werfen›, in der Kundensprache, dem Idiom der Landstreicher und Bettler, ‹gehen›; für *maluchen* wird schließlich ‹schikanieren› als Bedeutung angegeben. Auch Zusammensetzungen mit *an-, aus-, ein-* usw. kommen vor.

Aus Thüringen wird *Melooche* für ‹Verwirrung› schon aus dem Jahr 1786 berichtet.[34] Im Rheinland ist *Malochem* für ‹schwere Arbeit›, aber auch für ‹Unglück, Pech› als Übernahme aus der Sprache der Juden belegt, auch mit einer größeren Zahl von Nachweisen *malochemen* für ‹schwer arbeiten, schuften›.[35] In der Pfalz kennt man *maloche, malooche* und *maloje,*[36] in Frankfurt am Main *melochen* und *Meloche.*[37] Ein *Melochener* war ein ‹Handarbeiter, Handwerker›. *Des is e Melochener,* notierte der Mundartforscher Hans Ludwig Rauh 1941 mit der Bemerkung, daß die so bezeichnete Person «kein Kaufmann, sondern Handwerker» war. Rauh fügte hinzu: «von Juden gebraucht». Den reichsten Nachweis der Übernahme dieser Wörter leistet das Südhessische Wörterbuch.[38] Hier sind die Verbformen *melochemen, melouchenen, malochemen* und *melochen, malochen, milochen* mit den Bedeutungen ‹arbeiten›, ‹schwer arbeiten, schuften› und ‹einem die schwere und schmutzige Arbeit machen› belegt. Entsprechend bedeutet *Meloche, Miloche, Miloge* ‹Arbeit›. *Malocher* wird jemand genannt, der ‹unmäßig arbeitet, schuftet›. Wer ‹die niedrigste Arbeit macht›, heißt auch *Melochem; de Melochem mache* bedeutet ‹zu jedem Dienst bereit sein, überall einspringen, jede noch so unangenehme oder schmutzige Arbeit übernehmen› und *einem de Meloche machen* ‹die schwere und schmutzige Arbeit machen, ohne Dank zu ernten›.

Mit *Meloche* wird in Südhessen nicht nur schwere Arbeit von Menschen, sondern auch von Tieren bezeichnet. *Der Gaul eß schlechd en de Meloche* hieß ‹das Pferd ist nicht zugfest›. Eine solche Äußerung verweist auf den Sprachgebrauch der Viehhändler und zeigt, daß diese Wörter keineswegs ausschließlich aus dem Rotwelschen ins Deutsche gekommen sein müssen, wie Elmar Seebold behauptet,[39] sondern auch im direkten Kontakt von Juden übernommen worden sein können. Im nördlichen Hessen heißt *Malouche, Melouche, Malooche* ‹Arbeit›, ‹Umstand› und ‹Wirtschaft›.[40] Für ‹Arbeit› wurde das Wort auch in der Geheimsprache der Vogelsberger Maurer im oberen Schwalmtal verwendet. *Dos äss enne Malouche*, sagte man bei unvorhergesehener Mühe, *Malouche machen* bedeutete ‹Ausflüchte suchen›. *Miese Meloochen* stand in Kassel für ‹Unglück› und ‹schlechter Handel›. Das ist abermals ein Zeichen dafür, daß solche Wörter aus der Sprache der jüdischen Händler in die ihrer Kunden übernommen worden sind, wobei auch Mißverständnisse und volksetymologische Umdeutungen mit im Spiel sein können. Jedenfalls wird durch solche Belege die Behauptung fragwürdig, *Maloche* sei über das Rotwelsche ins Deutsche gelangt.

Aus Südhessen wird noch eine andere Bedeutung nachgewiesen. Sie kommt gelegentlich auch in anderen Gegenden vor und ist, da sie in den Bereich der Erotica et rustica fällt, wohl auch einige Male bei der Ausarbeitung der Wörterbücher der lexikographischen Selbstkontrolle zum Opfer gefallen. *Einem die Meloche machen*, heißt ‹schön tun, hofieren, die Kur machen, sich unterwürfig zeigen›. *Melochemen* bedeutet dann aber auch ‹begatten›, *Meloche* ‹Geschlechtsverkehr›, einen *am Dokes melochemen* wird für das Götz-Zitat verwendet und steht auch für ‹homosexuell verkehren›.[41] In Frankfurt wurde dafür *Doches meloche*, auch *Doches*

Melorum und *Doches Malorum* gesagt.[42] *Er hat se battersch melo-gelt* hieß, ‹er hat ihr ein uneheliches Kind gemacht›. Das Pfälzische Wörterbuch gibt für *malochemen* in der Wendung *sich selwer Dokes malochemen* die Bedeutung ‹lecken› an, doch wird das Verb dadurch zu sehr isoliert.[43] *Doges malokes* kennt auch das Rheinische Wörterbuch als eine Antwort, die das Gespräch abschließt.[44]

Weitere Jiddismen im Sport

Neben *Zoff, Abzocker* und *Maloche* gibt es weitere Jiddismen der deutschen Sprache, die häufig in der Sportpresse vorkommen. Als *betucht* ‹wohlhabend› könnten viele im Sport bezeichnet werden, herausragende Berufssportler und Manager, aber auch manche Zuschauer. *Betucht* nannte die Frankfurter Allgemeine den Präsidenten von Inter Mailand.[45] Zuschauer bei Autorennen der Formel I in Hockenheim, die sich Plätze «auf der Südtribüne für den horrenden Tagespreis von 170 Mark» leisten können, wurden im Trierischen Volksfreund als «gut Betuchte» bezeichnet.[46] Dem stets gut gekleideten Trainer von Borussia Dortmund, der statt im Trainingsanzug mit Sponsorenwerbung im Straßenanzug in der Öffentlichkeit in Erscheinung trat, wurde nachgesagt, «die Auftritte im Stadion mit feinem Tuch optisch zu signieren».[47] Daß hier ein Wortspiel mit *betucht* veranstaltet wurde, ist manchen Lesern des Sportteils vielleicht gar nicht aufgegangen.

Das Ziel der Unterhaltungsindustrie Sport ist der Profit. Unerwartete Einnahmen in gewaltiger Höhe werden gern mit dem jiddischen Wort *Reibach* ‹Gewinn, Profit› belegt. Der frühere deutsche Rekordmeister 1. FC Nürnberg fuhr seit Einführung der Fußball-Bundesliga einen Schlingerkurs: im einen Jahr Meister, im anderen Absteiger. Entsprechend schwankte der Klub wirtschaftlich zwischen Wohlhabenheit und Konkurs. 1985 war Nürnberg finanziell einer der großen Gewinner. Daher konnte der Trierische Volksfreund melden: «Auch am Samstag macht der ‹Club› den größten Reibach.»[48] Größere Einnahmen als in Deutschland wurden mit dem Fußballgeschäft in Italien erzielt. Darum hieß es im selben Jahr: «Auch gegen Real macht Inter den großen Reibach. 2,65 Millionen DM bringen allein die 80 000 Zuschauer heute in die Kasse des Rummenigge-Klubs.»[49]

Das ganz große Geschäft wurde jedoch im Tennis gemacht, vor allem, seitdem Boris Becker und Steffi Graf das deutsche Tenniswunder vollbracht hatten. Wo Becker auftrat, konnten sich die Veranstalter die Hände reiben. «Becker brennt auf Wimbledon-Revanche» hieß es 1991.[50] «Der Erste der Tennis-Weltrangliste geht überraschend in Stuttgart an den Start [...] Einen Riesenreibach hätten die Stuttgarter Veranstalter mit einem Etat von fast sechs Millionen Mark übrigens auch ohne die beiden Publikums-Zugpferde Becker und Stich gemacht.» *Riesenreibach* stand dabei für einen gewaltigen Gewinn. Zur Bildung dieses Kompositums, das hier als Hyperbel eingesetzt war, wurde der im Deutschen so beliebte Typus der alliterierten Zweigliedrigkeit genutzt.

Die Kehrseite des *Reibachs* ist der Verlust, der oft durch eine sportliche Niederlage ausgelöst wird. Beides wird immer häufiger mit dem auf einen jiddischen Ausdruck zurückgehenden Wort *Pleite* umschrieben, wobei die Verwendung für ‹wirtschaftlichen Zusammenbruch› Tradition hat. Eine schwere Niederlage *Pleite* zu nennen, bedeutet Übertragung des Ausdrucks auf einen anderen Bereich. Dort hat er sich jedoch so verselbständigt, daß er bald schon für eine unerwartete Niederlage, danach für eine wiederholte Niederlage und schließlich für nahezu jede Niederlage gebraucht worden ist. In Gelsenkirchen beim FC Schalke 04 weiß man, daß die Niederlage zum Sieg gehört wie zum Fußball das Bier. Das führte im Trierischen Volksfreund zu der Überschrift «Pleiten, Pokale und Pils».[51]

Wenn es ganz schlimm kommt, dann steht mit *Schlamassel* zur Bezeichnung aller Kalamitäten wiederum ein Wort zur Verfügung, das auf einen jiddischen Ausdruck zurückgeht. Als die Fußball-Mannschaft von Bayer Leverkusen, in die der Chemie-Gigant Millionenbeträge investiert hatte, in der Saison 1984/85 die gesteckten Ziele nicht zu erreichen schien, hieß es, der Trainer Dettmar Cramer stecke «mit der Bayer-Zentrale Leverkusen tief im Abstiegs-Schlamassel».[52] Und als die Skisportler in der Nordischen Kombination nicht mehr an die Erfolge früherer Tage anknüpfen konnten, wurde auch ihnen nachgesagt, sie steckten im *Schlamassel*.[53] Etwas verderben heißt *vermasseln*, und *jemandem die Tour vermasseln* bedeutet ‹seine Absichten zunichte machen›. Wie bei *betucht* wird auch aus dieser Redensart in der Sportpresse ein willkommenes Wortspiel. «Radprofi Abduschaparow vermasselt manchem die

Tour», schrieb die Frankfurter Allgemeine über einen Newcomer, der sich beim schwersten Radrennen der Welt, der «Tour de France», 1991 nicht an die Gepflogenheiten der Kollegen halten wolle und als «rauhbeiniger Sprinter [...] Lob und Kritik» zu ertragen hatte.[54]

Daß ein Berufsradfahrer Absprachen und ungeschriebene Gesetze der Kameraderie nicht akzeptiert, wird ihm zwar angekreidet, führt aber nicht zu Zweifeln an seinem Geisteszustand. Das ist bei Torwarten im Fußball ganz anders. Sie unterscheiden sich von allen anderen Spielern nicht nur dadurch, daß sie den Ball mit den Händen anfassen dürfen und es in bestimmten Spielsituationen auch müssen, sondern auch dadurch, daß sie in der Regel den Torraum nicht verlassen. An kalten Wintertagen kann es vorkommen, daß eine drückend überlegene Mannschaft das Spiel so gestaltet, daß der eigene Torwart über lange Zeit nicht ein einziges Mal ins Spielgeschehen eingreifen kann. Die Folge ist, daß der Körper kalt wird und die Aufmerksamkeit erlahmt. Wenn die weit unterlegene gegnerische Mannschaft ein einziges Mal auf das Tor schießt, hat sie oft eine gute Chance, das Spiel damit zu entscheiden. Der Torwart macht in einer solchen Situation eine schlechte, um nicht zu sagen, lächerliche Figur.

Manchem auf diese Weise düpierten Torwart sind schon einmal die Nerven durchgegangen. Fußballfachleute pflegen das mit der *Macke* zu erklären, die viele Torwarte hätten. Die Frankfurter Allgemeine fragte nach einem solchen Vorfall einmal: «War es nur die berühmte ‹Macke›, die nach Meinung vieler Fußballspieler jeder gute Torwart und Linksaußen haben soll?»[55] Auch der Trierische Volksfreund kannte das Problem, als er bemerkte: «Dieses Verhalten allein mit der vielzitierten Torwart-‹Macke› zu erklären, wäre zu einfach.»[56] *Macke* stand bei deutschen Juden für ‹Schlag›, ‹Unglück›, ‹Fehler›, ‹Gebrechen› und ‹teure Ware›.[57]

Bleibt der Erfolg aus und sind die üblichen Mittel schon angewendet worden, dann wird zum Äußersten gegriffen. Wo im Fußball alles andere versagt, können nur noch deutliche Worte helfen. Sie zu gebrauchen, heißt mit dem jiddischen Ausdruck *Tacheles reden*. *Laß uns tachles reden*, sagten deutsche Juden, wenn sie zur Sache kommen wollten. *Schmus tachles* bedeutete ‹red' Zweckmäßiges; vom Geschäft›, *mach tachles* hieß ‹beeile dich; komm zur Sache, zum Zweck der Rede, zum praktischen Abschluß›.[58]

Beim FCK wird „Tacheles" geredet
Heute dreimal Bundesliga – Werder erwartet Rekordbesuch

Tacheles wurde überall geredet, beim 1. FC Kaiserlautern im September 1987,[59] bei Eintracht Frankfurt im Dezember 1989[60] und tausende Male sonst, ohne daß es die Öffentlichkeit immer gewahr geworden wäre. Anders bei der Fußball-Nationalmannschaft. Ihr damaliger Teamchef Franz Beckenbauer beherrschte dieses Mittel souverän und beherzigte auch den Grundsatz: Tue Gutes und rede mit der Presse darüber. Der interessierte Leser konnte meist seiner Zeitung die Einzelheiten entnehmen, wenn es im Kreise der Nationalmannschaft wieder einmal deftig zuging oder zugehen sollte.

«Franz Beckenbauer war nach dem 0:1 stinksauer», hieß es im August 1985 im Trierischen Volksfreund. «Richtig Tacheles soll beim Kurzlehrgang vom 8. bis 10. September in Herzogenaurach geredet werden.»[61] Drei Jahre später war zu lesen: «Franz Beckenbauer schafft die ‹Erbhöfe› ab. Harte Worte verfehlten ihre Wirkung nicht. Vor dem 1:0-Sieg gegen Argentinien redete der Teamchef mit den Spielern Tacheles.»[62] Und wieder zwei Jahre später, bei der Vorbereitung auf die dritte Weltmeisterschaft der deutschen Mannschaft, hieß es: «Der Teamchef hat am Dienstagabend, genervt von der journalistisch in Gang gehaltenen, einseitig rotierenden Thematik, Tacheles geredet, aber nichts verraten.»[63] *Tacheles* zu reden, ist heute ein probates Mittel. Es wird darum auch außerhalb des Sports gern benutzt, vor allem in der Politik und im Kulturjournalismus.[64]

Unter den sonstigen Jiddismen, die im Sportjournalismus verwendet werden, ragt die Wortfamilie *mies* hervor, doch wird *mies* samt Ableitungen und Zusammensetzungen nur in seltenen Fällen noch als ein fremdes Wort oder gar als Jiddismus empfunden werden. Denn zu tief ist es schon ins Deutsche integriert, als daß seine Herkunft noch eine Rolle spielen könnte. *Mies* kann alles sein: eine Serie schlechter Ergebnisse im Wettkampf,[65] die Stimmung in einer Mannschaft,[66] der Stil beim Rücktritt eines Vereinsvorsitzenden,[67] Tricks im Profi-Fußball[68] und schließlich das ganze Zeitalter.[69] *Miese* heißen die Verlustpunkte im Skatspiel. Das übertrug der Trierische Volksfreund auf die Tabellenrechnung im Fußball, als er feststellte: «Braunschweig jetzt mit den wenigsten ‹Miesen›.»[70] Da nichts ohne Ursache ist, werden für Mißerfolge Schuldige gesucht und gefunden. Wenn sie nicht aus den eigenen Reihen stammen und ihre Schuld nur verbal auf sich laden, heißen sie *Miesmacher*, was soviel wie ‹Anschwärzer› bedeutet.

Wenn ehemalige Kollegen nach Beendigung ihrer aktiven Laufbahn das Metier wechseln und als Kommentatoren tätig werden, geben sie ihren Namen in der Boulevardpresse oft für holzschnittartige Äußerungen her. Das muß bei denen, die im Geschäft verblieben sind, zu Reaktionen führen. Der Manager Felix Magath bezeichnete seinen ehemaligen Kollegen Paul Breitner schon 1986 als *Miesmacher*. «Magath legte Breitner nahe, vor dem Verfassen weiterer Artikel erst einmal nachzudenken. ‹Ich kann mir nicht vorstellen, daß Du Dir in der Rolle des ewigen Miesmachers gefällst›.»[71] Die *Miesmacher* wurden also vornehmlich in den Redaktionen ausgemacht.

Als das ZDF seine Sendereihe «Sport-Spiegel» einstellte, hieß es in der Frankfurter Allgemeinen: «Daß nun nach der sechshundertzwanzigsten Sendung Schluß sein soll mit diesen ‹Miesmachern› – man hört zwar keine Bravorufe, aber von Bedauern ist auch keine Rede.»[72] Und der Trierische Volksfreund schrieb in einer medienkritischen Stellungnahme 1991: «Für die beiden Gesundbeter einer mäßigen Partie zu einem Spitzenspiel sind die wahren Miesmacher des Spitzenfußballs die Nachrichtentransporteure, die ihren Job nicht als Pressesprecher der jeweiligen Couleur begreifen.»[73] Schon drei Jahre zuvor hatte es geheißen: «Mit der Miesmacherei muß endlich Schluß sein.»[74]

Zu *miesen Tricks* werden oft Mittel verwendet, die unzulässig oder sonst nicht ganz in Ordnung sind. Handelt es sich um Substanzen, die auf der Doping-Liste der internationalen Sportverbände stehen, dann werden sie auch als *nicht ganz koscher* bezeichnet. Als *koscher* werden im Jiddischen Speisen bezeichnet, die den rituellen Vorschriften genügen. *Nicht ganz koscher* drückt Zweifel an der Sauberkeit oder Rechtmäßigkeit aus. Bei dem Fall der Doppelweltmeisterin Katrin Krabbe, die des Gebrauchs verbotener Substanzen bezichtigt wurde, war in der Frankfurter Allgemeinen zu lesen, sie habe sich «möglicherweise mit nicht ganz koscheren Mitteln auf die Saison» vorbereitet.[75] *Nicht ganz koscher* waren der interessierten Öffentlichkeit oftmals auch jene Unentschieden, die den Verdacht aufkommen ließen, die beteiligten Mannschaften hätten sich stillschweigend auf das Ergebnis geeinigt.

Wenn Wettkampfmannschaften nicht mehr den Sieg anstreben und dafür das Risiko einer Niederlage eingehen, sondern sich von vornherein auf ein Unentschieden verständigen, wird das seit einiger Zeit als *Schmusen* bezeichnet. *Schmuesen, schmusen* hieß im Jiddischen ursprünglich ‹reden›. Im Deutschen wurde es über ‹zärtlich reden› zu ‹zärtlich sein›. Nun bedeutet es ‹sich friedlich verhalten›, ‹Kompromisse schließen› und ‹ein Unentschieden erzielen›. Mit dieser Bedeutung stand das Wort schon 1989 in der Frankfurter Allgemeinen. In Darmstadt hatten Zuschauer beim Fußballspiel ihrer Mannschaft gegen Bayer Leverkusen am Zaun ein Transparent mit der Aufschrift «Kein Schmusen mit Leverkusen» aufgehängt.[76] Und da die Aufforderung erfolgreich war, konnte die Zeitung melden: «Viel Biß statt ‹Schmusen mit Leverkusen›.»

Seither ist *schmusen* so in den unterschiedlichsten Bereichen der Presse verwendet worden. Es ist nicht ausgeschlossen, daß dieses Transparent in Darmstadt den Ausgangspunkt für die neue Bedeutung gebildet hat. Wenn dem so wäre, hätten unbekannte Zuschauer mit einer witzigen Formulierung die deutsche Sprache an dieser Stelle nachhaltig verändert. Dieses Verfahren wird immer wieder in der Presse angewendet, doch ist der Erfolg nur selten so durchschlagend wie im Fall des Wortes *schmusen*.

4.

Mach mir kein Zores
Jiddismen als Sprachsymptom

Sprachmoden sind meist ebenso kurzlebig wie Bekleidungsmoden. Was im einen Jahr noch üblich ist, kann im nächsten schon verblassen und eine Generation später nahezu unbekannt sein. Unter den Modewörtern gibt es Eintagsfliegen wie *Sputnik*[1] und Dauerbrenner wie *dufte*.[2] Erfolg und Mißerfolg lassen sich nur selten wirklich erklären. Wie im übrigen Leben spielen auch hier so viele Faktoren eine Rolle, daß eindeutige Begründungen kaum möglich sind. Dennoch lassen sich aus der detaillierten Beobachtung des Sprachgebrauchs Anhaltspunkte für eine Beurteilung der Funktion von Modewörtern in der Sprache gewinnen. In Wörterbüchern sind sie oft nur unzureichend belegt. Das liegt auch daran, daß sie meist schon wieder außer Gebrauch sind, wenn Lexikographen auf sie aufmerksam werden. Aus diesem Grunde werden in diesem und den beiden folgenden Kapiteln neben den Wörterbucheinträgen vor allem Kontextbelege herangezogen, die einen unmittelbareren Einblick in den aktuellen Gebrauch erlauben.

Von den drei eher zufällig ausgewählten Wörtern *Zocker*, *Zoff* und *Zores*, die alle jiddischen Ursprungs sind und im Titel dieses Buches stehen, sind die beiden ersten und weitere Mitglieder ihrer Wortfamilien heute in aller Munde. Man hört sie auf der Straße und im Fernsehen, liest sie in der Zeitung und sogar schon in der Literatur. Sie finden sich im Alltag wie im öffentlichen Sprachgebrauch, bei Themen der Kultur wie der Wirtschaft, in der Politik und im Sport. Doch gibt es Unterschiede. *Zocker* und *Zoff* gelten als Ausweis von Jugendlichkeit und Pfiffigkeit. Ältere kennen sie viel weniger, und manche Eltern haben sie erst von ihren Kindern gelernt. Ganz anders *Zores*. Dieses Wort kennen heute viele nicht. Daher kommt es nur selten in der Presse vor und wird kaum einmal im Rundfunk oder im Fernsehen verwendet. Es ist in vielen Mundarten noch sehr bekannt, wenn es auch dort kaum mehr Verwendung findet. Die Geschichte des Wortes *Zores* im Deutschen scheint ganz anders zu verlaufen als die der Wörter *Zocker* und *Zoff*. Es ist daher reizvoll, den so verschiedenen Wörtern nachzugehen und ihren Platz in der deutschen Sprache genauer zu bestimmen. In Presse und Öffentlichkeit werden *Zocker* und *Zoff* derzeit häufig verwendet. Das Wort *Zores* wurde in den letzten Jahren dagegen kaum beobachtet. Sprachgebrauch und Wörterbuchdokumentation entsprechen sich in diesen Fällen nicht. Die vielfältige Verwendung der beiden Wörter *Zocker* und *Zoff* ist noch immer lexikographisch nur knapp dokumentiert, während zu *Zores* ein weit ausführlicherer Nachweis vorliegt und weitere umfangreiche Darstellungen beim Abschluß noch unvollendeter Mundartwörterbücher erwartet werden dürfen.

Zores im Deutschen

Daß das jiddische Wort *Zores* auch ins Deutsche eingedrungen war, fiel aufmerksamen Beobachtern bereits im frühen 19. Jahrhundert auf. Den ältesten Nachweis bietet dafür das Frankfurter Wörterbuch: *Zores* wird schon 1820 als «verderbter hebräischer Ausdruck für Lumperei, Gesindel, Spaß, correspondirt dem Burschikosen, Trödel» bezeichnet.[3] Die deutschen Lexikographen führen *Zores* zunächst als Fremdwort und als Ausdruck der Mundarten auf. Kehrein kennt es 1876 als Wort der hebräischen Komponente des Jiddischen.[4] Er gibt mit *çārôth* und *zôros* die sephardische und aschkenasische Aussprache an, verweist darauf, daß es Plural von *çārā*, *zôre* sei und umschreibt die Bedeutung im Jiddischen mit ‹Not, Bedrängnisse›. Die Bedeutung des Wortes *Zores* im Deutschen erklärt er mit «ein Durcheinander; ein Durcheinander von Menschen; allerlei geringes Volk durcheinander». In seinem Oberhessischen Wörterbuch aus dem Jahr 1899 folgt Crecelius den Angaben von Kehrein, ergänzt aber die Bedeutungsparaphrase noch um ‹Wirrwarr›.[5] Daß Crecelius nicht nur aus gedruckten Werken zitiert, sondern auch die Mundarten beobachtet hat, läßt sich auch dem Artikel *Zores* entnehmen. Er führt das Kompositum *Kinderzores* mit Beleg aus dem Jahr 1873 an sowie das Verb *zoresen* und die Wendung *Zores treiben*. Autenrieth hingegen bucht im selben Jahr *Zores* in seinem Pfälzischen Idiotikon mit der Bedeutung ‹Streit, Zorn›.[6]

Als Ausdruck der Verkehrssprache ist *Zores* mit der Bedeutung ‹ein Durcheinander, Wirrwarr; Gesindel› von Hermann Hirt in seiner Bearbeitung des Wörterbuchs von Weigand 1910 lexikographisch nachgewiesen worden.[7] Daher hat auch das Grimmsche Wörterbuch das Wort in der ersten Lieferung des 16. Bandes aufgeführt, die 1914 ausgegeben wurde; im ganzen wurde der Band erst 1954 fertiggestellt.[8] Dem Bearbeiter Gustav Rosenhagen stellte sich *Zores* als ein deutsches Wort dar, das aus dem Judendeutschen stammt, ‹Lärm› und ‹Wirrwarr› bedeutet und in den südwestdeutschen Mundarten allgemein bekannt ist. An diesem Stand hat sich in der standardsprachlichen Lexikographie seither nicht viel geändert. Das «Wörterbuch der deutschen Gegenwartssprache» brachte den Satz «Mach uns bloß keinen Zores, Walli!» aus Falladas Roman «Wolf unter Wölfen» bei,[9] Henne/Objartel weisen *Zores* schon 1837 in der historischen Studentensprache nach.[10]

1978 blickte Eike Christian Hirsch in seiner Zeitschriften-Kolumne «Deutsch für Besserwisser» auf die Sprache der deutschen Juden zurück, war aber schon genötigt, für *Zores* eine Erklärung beizufügen: «Fürs Unglück gab es viele Ausdrücke: Man war im Schlamassel (Pech) oder in Zores (Nöten).»[11] Die Bedeutung des Wortes *der Zores* wird nach wie vor mit ‹Not, Bedrängnis, Wirrwarr, Ärger›,[12] ‹Wirrwarr, Durcheinander, Ärger›[13] und ‹Wirrwarr, Lärm›[14] angegeben. Der Duden führt als Bedeutung auch ‹Gesindel› mit dem Hinweis «selten» auf,[15] Henne/Objartel beschränken den Gebrauch des Wortes *das Zores* ‹Gesindel› auf Hessen.[16] Küpper belegt *Zores* für die Umgangssprache mit den Bedeutungen ‹Durcheinander; Notlage; überflüssige Umstände; Ärger›.[17]

Zores im Jiddischen und Rotwelschen

Im Jiddischen ist *Zores* ein ganz gebräuchlicher Ausdruck. Uriel Weinreich nennt dafür die Bedeutungen ‹Unruhe, Kummer, Mühe, Qual, Not, Unglück, Leiden, Pein›.[18] Aus dem Mund deutscher Juden führt Tendlau das Sprichwort *Es ist genung an der Zōre*, *wenn sie da is!* an.[19] Werner Weinberg nennt die Redensart *Seine zores und Rothschilds Geld.* Sie wurde gebraucht, wenn eine Situation nicht so schlimm war.[20] In der Sammlung jüdischer Sprichwörter und Redensarten von Ignaz Bernstein gehört *zuru, zurojss* zu den umfangreicheren Abschnitten.[21] Das Sprichwort *Ibergekümene zurojss is güt zü derzehlen*[22] besagt, daß man über die Not leichten Herzens sprechen kann, wenn man sie überstanden hat. Daß alle Leiden erst mit dem Tod enden, sagt das Sprichwort *Men sol nit beten, di zurojss solen sich auslosen, wurüm as di zurojss losen sich aus, lost sich dus leben auch aus.*[23] Die Wirkungen der Not beschreiben zwei Sprüche ganz verschieden, aber sie sagen doch dasselbe: *Zurojss legen sich nit in di klejder, nor in di bejner*[24] und *Zurojss legen sich züerscht auf'n punim* [‹auf das Gesicht›].[25] Sorgen kann man im Gesicht nicht verbergen. In allen Schwierigkeiten gibt das Sprichwort aber auch Trost: *Schlecht is nor dem menschen, bis di zurojss gefinen sich an ort.*[26] Man gewöhnt sich eben an alles.

Die Sprichwörter verdeutlichen noch einmal, daß *zores* ein ganz übliches jiddisches Wort ist, das im Westen wie im Osten gebraucht wurde und angesichts der Verhältnisse auch oft ausgesprochen werden mußte. Kein Wunder ist daher, daß es den deutschen Juden auch nach der Assimilation erhalten blieb und die übrige Bevölkerung es im Sprachkontakt aufnahm. Wenig spricht dagegen für die neuerdings wieder von Elmar Seebold vertretene Annahme, das Wort *Zores* sei aus dem Rotwelschen ins Deutsche übernommen worden.[27] Fragwürdig ist auch die nach Littmann[28] vorgebrachte Vermutung, in *Zores* seien zwei Etyma vereinigt, westjiddisches *zores* als Plural von *zore* ‹Sorge, Not› und «rotw. *zores*, wjidd. *zoir* ‹Geringer, Niedriger, Kleiner› [...] mit Bedeutungsattraktion an das andere *zores* im Rotwelschen».[29]

Aus dem Rotwelschen ist *Zores* relativ spärlich belegt, sowohl hinsichtlich der Frequenz als auch hinsichtlich der Bedeutungsentwicklung.[30] Wolf unterscheidet *Zore* ‹Bedrängnis, Unglück, Not› und *Zores* ‹Gesindel› und führt diese Wörter auf verschiedene jiddische Etyma zurück.[31] Insgesamt werden nur drei Quellen nachgewiesen, zwei aus dem frühen 19. Jahrhundert,[32] eine aus dem Jahr 1916.[33] Immerhin führt auch Burnadz *Zores* für ‹Gesindel› aus der Gaunersprache der Wiener Galerie an.[34]

Vom Familienjargon in die Umgangssprache

Unter deutschen Juden gehörte *Zores* zum Kernwortschatz. Als typisches Beispiel für den Gebrauch des Wortes in diesem Umfeld hat Weinberg die Formulierung *er macht sich zores* angeführt.[35] Dazu gab es im Laufe der Geschichte fast immer Veranlassung im Überlebenskampf oder in der Familie. In solchen Fällen hieß es: «Häusliche Zores habe ich auch mancherlei.»[36] Mancher versuchte, mit Not und Schicksalsschlägen allein fertig zu werden. Dann mußte man seine Haltung respektieren, und die Familienmitglieder wußten, wie damit umzugehen war: «Man darf ihn nicht etwa nach seinem Zores fragen, Gott behüte.»[37] Brieflich forderte Karl Wolfskehl Ende 1929 die Ehefrau seines Freundes Friedrich Gundolf auf: «Mach mir kein Zores».[38] Im selben Jahr schrieb Walter Mehring seinen «Psalm über das Gleichnis von der Meerfahrt». Im Refrain heißt es:

> Was Ihr tut und macht:
> Alle zores: a nekome [‹Genugtuung›] für die Fisch![39]

Zores war ein Wort, daß bei Juden zum Alltag gehörte, beim assimilierten Großbürgertum, das schon seit langem in der deutschen Kultur verwurzelt war, wie bei den Zuwanderern aus Osteuropa, die noch jiddisch sprachen und sich um ein Deutsch bemühten, das deutlich vom Jiddischen bestimmt wurde. Betty Scholem und Karl Wolfskehl gebrauchten den Ausdruck in der familiären Kommunikation, in der auf einen Grundbestand solcher Ausdrücke ganz selbstverständlich zurückgegriffen wurde.[40] Davon wurde je nach Lebenszuschnitt und Situation in sehr verschiedenem Umfang Gebrauch gemacht. Als der latente Antisemitismus dazu zwang, die jüdische Herkunft mehr und mehr zu verbergen, wurden auch die jüdischen Ausdrücke unterdrückt.[41] Das ist wahrscheinlich der Grund dafür, daß manche dieser Wörter aus der Verkehrssprache wenig belegt sind.

Den Unterschied zwischen privater und öffentlicher Verwendung des Wortes *Zores* kann man auch bei dem Sänger und Humoristen Leo Slezak gut beobachten. Slezak hatte die jüdischen Ausdrücke offenbar in seiner Heimatstadt Brünn von einem jüdischen Sänger und Gesangslehrer als Teil des Künstlerjargons kennengelernt und seine Kenntnisse auf diesem Gebiet später in Wien vervollkommnet.[42] Obwohl er selbst nicht jüdischer Herkunft war, benutzte er sie gern im Alltag und setzte sie in seinen Büchern bewußt zur Erzielung humoristischer Effekte ein.[43] Er wurde deswegen von Karl Kraus heftig getadelt.[44] Das Wort *Zores* gebrauchte Slezak ernsthaft nur in Privatbriefen. 1936 schrieb er aus Wien an seinen Sohn über die Aufführung eines neuen Theaterstücks, das ihm gründlich mißfallen hatte, und faßte sein Urteil so zusammen, daß ihm für «so etwas von Zores und Traurigkeit» die Worte zu fehlen schienen.[45] 1937 nannte er die Auswirkungen einer schweren Erkrankung auf sein Hauswesen eine «Atmosphäre von Zores und Schmerzen» und bezeichnete mit «Zores am laufenden Band» möglicherweise den Inhalt eines amerikanischen Theaterstücks.[46] Im selben Jahr waren *Zores* für Slezak auch Konsequenzen, die eine Denunziation bei den Behördern des Dritten Reichs zur Folge haben würden.[47] Zur Charakterisierung der Zustände nach dem Anschluß Österreichs an das Deutsche Reich genügte Slezak 1938 ein einziges Wort: «Zores».[48]

Ganz anders wirkte der Ausdruck, wenn er mit heiterem Gemüt gebraucht wurde. In seinem ersten Buch, das auch das letzte bleiben sollte und deswegen «Meine sämtlichen Werke» betitelt wurde, spielte Slezak vor der Leserschaft augenzwinkernd mit dem Klischee vom leicht entflammbaren Tenor, der «rasend vor lauter Seelenzores» sich vorstellt, was die geliebte Ehegattin in seiner Abwesenheit alles anstellen könnte.[49] Als die Nationalsozialisten ihn zwangen, alles Jüdische aus seinen Büchern zu streichen und auch die deutschen Wörter jiddischer Herkunft unter diese Anordnung fielen, drehte er die Formulierung ins ungrammatisch Groteske und schrieb: «rasend vor lauter Seelenzornes».[50] So dadaistisch war er auch schon früher mit dem Wort umgegangen. 1927 reimte er:

Lieber Leser nun erfohr es,
Eingehüllt bin ich in Zores.[51]

Unter den Augen der nationalsozialistischen Zensoren, die ihm das Wort verbieten wollten, nannte er seine Lieblingszigarre spanisch-kubanisch radebrechend *Floros del Zores*, ohne daß dies den Aufpassern des Regimes aufgefallen wäre.[52] Im Lebensrückblick standen schließlich die Knittelverse, die er nach einem Kuraufenthalt in ein Gästebuch geschrieben hatte:

Doktor, du hast mir – o Zores –
Angetan gar viel Dolores.[53]

Was sich hier an Sprachklang und Assoziationen zeigt, hat auch andere Autoren fasziniert. Andrej Sinjawskij nannte den Titelheld einer Erzählung, die E. T. A. Hoffmanns Figur Klein Zaches fortspinnt, im Original russisch-jiddisch «Kroshka Tsoress». In der deutschen Übersetzung hieß sie dann «Klein Zores».[54] Hans Veigl stellte das Kapitel seiner Kabarettanthologie, in dem die Wiener Possenbühne Max und Moritz vorgestellt wurde, unter den alliterierenden Titel «Zores im Zentrum».[55]

Pressewort für Insider

Bei diesem reichen lexikographischen Vorkommen verwundert es etwas, daß das Wort *Zores* in der heutigen deutschen Öffentlichkeit kaum noch zu hören oder zu lesen ist. Einen Artikel über die aus Äthiopien nach Israel eingewanderten schwarzen Juden überschrieb die Frankfurter Allgemeine 1985 mit dem Satz: «Wenn ihr in Aethopien geblieben wärt, hättet ihr jetzt nicht diesen Zores».[56] Die damals allgegenwärtigen Probleme mit diesen Einwanderern, die sich nicht an die Lebensverhältnisse in Israel gewöhnen konnten und überdies an Besonderheiten ihrer Religionsausübung festhalten wollten, hatten eine «rüstige Spaziergängerin europäischen Zuschnitts» veranlaßt, ihnen zuzurufen: «Wärt ihr doch nur geblieben, wo ihr wart, dann hättet ihr jetzt auch nicht diesen Zores». So jedenfalls wurde es von Bernhard Heimrich dargestellt, dessen kenntnisreiche Artikel manchen Einblick in die israelischen Verhältnisse ermöglicht haben. Doch schleichen sich Zweifel ein, denn die Äthiopier waren sicher nicht des Deutschen mächtig, auch nicht des Jiddischen. Der Satz, den die Redaktion auch für die Überschrift benutzte, war also wohl in Iwrith gesprochen und wurde der deutschen Leserschaft mit Hilfe eines jiddischen Wortes vermittelt. Das war aber nur dann sinnvoll, wenn man davon ausgehen konnte, hier auch verstanden zu werden. Die Tatsache, daß das Wort *Zores* heute in nahezu keinem deutschen Wörterbuch fehlt, andererseits aber nicht mehr oder nur noch in bestimmten Kontexten verwendet wird, legt die Annahme nahe, daß in diesem

Wenn ihr in Aethiopien geblieben wärt, hättet ihr jetzt nicht diesen Zores

Fall die jüdische Konnotation nicht verlorengegangen ist. So gehört das Wort heute wohl nur zum passiven Wortschatz. Es ist ab-
sehbar, wann es unbekannt sein wird. 1995 kannten es die meisten
der hierzu befragten Studenten schon nicht mehr.

5.

Zocker und Abzocker
Sprachmoden im Jargon

Für *Zocker* wird im Deutschen die Bedeutung ‹Spieler›,[1] ‹Glücks-spieler›,[2] ‹Falschspieler›[3] und ‹Spaßmacher›[4] angegeben. Mit Aus-nahme der letzten passen alle Bedeutungsumschreibungen zum Rotwelschen, wo das Wort seit 1840 für ‹Spieler, Glücksspieler› be-legt ist.[5] Dabei kommen neben *Zachkan* und *Zachkener* die Laut-formen *Zchoker, Zchokker, S'chokker, Zrocker, Zocker* und *Zoller* vor. Das entsprechende Verbum für ‹spielen, Glücksspiele spielen› zeigt die gleiche Formenvielfalt, die von *zachkenen* und *zachken* über *zchockenen, zchokken, zrocken, zechken* bis zu *zocken* reicht. Und da es im Glücksspiel oft um alles oder nichts geht, existiert auch ein Wort für das Ergebnis: *verzchokken* ‹verspielen› hieß es 1840, *verzachkenen* und *verzrocken* vor und nach dem Ersten Weltkrieg. Als vielen Menschen in der Inflation 1923 das gesamte Vermögen unter den Händen zerronnen war, verschwand auch dieses Wort. In der Gaunersprache der Wiener Galerie bezeichnet *Zocka* sowohl den gewöhnlichen ‹Spieler› als auch den ‹Hasar-deur›.[6] Das ist ein Hinweis auf die Spielleidenschaft in diesem Milieu.

Die Ausdrücke stammen aus dem Jiddischen, hatten aber dort einen anderen Bedeutungshof als im Rotwelschen oder im heutigen Deutsch. Avé-Lallemant nennt für das Jiddische 1862 die Wörter *zachok, zchok* ‹Lachen, Scherzen, Spielen›, *zachkan* und *zachkener* ‹Spieler›, *zachkenen, mezachek sein* und *zchoken* ‹spielen, scher-zen› und *verzchokken* ‹verspielen›.[7] Bei den deutschen Juden be-deutete *s-chocken, zchoken* und *chocken, zocken* ‹Kartenspielen›; entsprechend war der *s-chocker, zchoker* und *chocker, zocker* der ‹Spieler›, aber auch der ‹Spekulant›.[8]

Daß die Leidenschaft zur Sucht werden kann, läßt sich nicht nur an den Spielern, sondern auch an den Bezeichnungen ablesen.

Nach Henne/Objartel bedeutet *Zocker* in der heutigen Umgangs-sprache ‹gewerbsmäßiger Spieler› und *zocken* ‹Glücksspiele ma-chen›.[9] Das bestätigen andere Wörterbücher, wobei Mackensen hervorhebt, es gehe bei dieser Art von Glücksspiel nur um kleine Einsätze.[10] Das Adjektiv *abgezockt* weisen erstmals Henne/Ob-jartel mit einem Hörbeleg aus dem September 1990 nach.[11] Es be-deute etwa ‹absolut cool, abgeklärt›. Die Lexikographen nehmen an, daß das aus dem Jiddischen stammende Wort *Zocker* über das Rotwelsche des 19. Jahrhunderts in die Berliner Verkehrssprache um 1900 und von dort aus allmählich in die deutsche Umgangs-sprache gelangt ist.[12] Merkwürdigerweise kann Krauss aus der nordsiebenbürgischen Sprachinselmundart von Treppen, die wie alle isolierten Sprachgemeinschaften recht konservativ ist, *zocken* mit den Bedeutungen ‹rupfen›, ‹schröpfen› und ‹einem viel Geld abnehmen› belegen.[13] Die letzte Bedeutung paßt gut zur Bedeutung ‹Glücksspiele spielen›, wo immer darauf abgezielt wird, Mitspieler zu schröpfen. Dieser Beleg zeigt, daß hinter der Annahme, das Wort sei aus dem Jiddischen ins Rotwelsche, von da ins Berliner Gaunermilieu und so schließlich in die Umgangssprache gelangt, zumindest ein Fragezeichen anzubringen ist.

Die Welt der *Zocker*

Der nach wie vor wichtigste Anwendungsbereich für die Wort-familie *Zocker* findet sich im Umkreis des Glücksspiels. *Zocker* heißen die Spieler,[14] bei denen *Freizeitzocker*[15] und *Profi-Zocker*[16] unterschieden werden. Die «ernsthaften Ratschläge der Profi-Zocker verraten, wie wichtig es für die ist, ‹Fachmann› zu sein, et-was zu verstehen von ihrem Fach.»[17] So jedenfalls haben es die Sozialarbeiter beobachtet, die sich bemühen, Jugendlichen aus dem Sumpf der Spielleidenschaft herauszuhelfen. Dabei ist der Grund für Sucht und Abhängigkeit den Betroffenen meist nicht einmal in Umrissen bekannt. «Was fasziniert den Zocker? Jürgen zuckt die Achseln.»[18] Das Interesse der Jugendlichen richtet sich auf die Automatenspiele, «die einarmigen Banditen»[19] und die *Zocker-Maschinen*,[20] wie sie überall in Spielhallen aufgestellt wor-den sind. Aus den Heimen der katholischen Soldatenbetreuung wurden sie schon 1987 wieder entfernt,[21] ein Zeichen dafür, daß das *Zocken*[22] schon längst zu einer weite Kreise der Bevölkerung erfassenden Sucht geworden ist. Die flächendeckende Aufstellung der Spielautomaten ist ein Geschäft, für das die Hotelhallen des amerikanischen Spieler-Paradieses Las Vegas das Vorbild abgeben. Zur Ausweitung der Geschäfte plante der Bürgermeister der amerikanischen Vergnügungsstadt in der Wüste sogar, einen Hochgeschwindigkeitszug zwischen Los Angeles und Las Vegas verkehren zu lassen, um auf diese Weise kalifornische *Zocker-Kundschaft*[23] anziehen zu können.

Zocker finden sich in allen Kreisen, vor allem aber offenbar unter der Jugend, die sich den süchtig machenden Spielzwängen nicht entziehen kann.[24] Nach der Wende 1989 gab es sie bald auch in den neuen Bundesländern. Aus Wismar hieß es noch im März 1990: «So wenig auch Zocker in unser bisheriges Landschaftsbild passen, haben sie doch eines mit dem Großteil der Wismaraner Jugend gemeinsam: null Bock auf Politik.»[25] In Wismar wurde mit Karten gespielt. Dabei blieb unklar, ob es sich wirklich um ein Glücksspiel wie das Pokern handelte oder ob harmlose Skatspieler für einen modischen Vorwurf herhalten mußten. Allerdings gab es von 1990 an überall in ostdeutschen Städten Versuche, Gutgläubigen das Geld aus der Tasche zu ziehen. In Dresden buhlten «ausländische und deutsche Zocker mit dem berüchtigten Hütchenspiel um das Geld ahnungsloser Ostdeutscher.»[26] Dabei konnte kaum jemand gegen die Betrüger gewinnen.

Der traditionelle Platz des Glücksspiels sind das Casino und die Lotterie, auch der Toto im Fußball und beim Pferdesport. Mit dem Wort *Zocker* werden die Spielinteressenten vor allem in den beiden letztgenannten Bereichen bezeichnet. Als sich 1992 auf der Galopprennbahn in Iffezheim ein tödlicher Unfall ereignete, schrieb der Trierische Volksfreund: «Die Zocker legten ihre Wettscheine beiseite, die Jockeys für das nächste Rennen konnten absatteln.»[27] Da die deutsche Fußball-Nationalmannschaft vor der Weltmeisterschaft 1994 nicht zu den großen Favoriten gezählt wurde, hieß es im selben Blatt: «Deutschlands Zocker haben kein Vertrauen in Berti Vogts.»[28] Die Überschrift faßte das ganz plakativ zusammen: «Berti nichts für Zocker». Allerdings werden bei derartigen Wetten auch größere Einsätze getätigt. Es handelt sich also nicht um jene Form des *Zockens,* die als die übliche gilt. Sie findet sich eben mehr bei Jugendlichen, Soldaten und sogar Studenten. Daß sie 1992 an der Universität Frankfurt am Main vor der Cafeteria um Tausender pokerten, erregte damals Bevölkerung und Presse.[29] Allerdings wiegelte der Universitätskanzler ab. «Von organisiertem Glücksspiel könne noch nicht die Rede sein.» Es handele sich mehr um *Freizeitzocker.*

Die Anteilnahme an diesen Vorgängen gab nur einen Vorgeschmack darauf, was passieren kann, wenn jemand in den Geruch der Spielleidenschaft gerät und öffentlich als *Zocker* oder *Zockerin* bezeichnet wird. Als eine Berliner Senatorin 1989 zugeben mußte, «an einem privaten Glücksspiel teilgenommen und mit einem Einsatz von 1500 Mark rund 10000 Mark gewonnen» zu haben, wurde sie als *Zockerin* bezeichnet, die für ein derartiges Amt untragbar geworden sei.[30] Sie mußte tatsächlich zurücktreten. Auch einem Trierer Amtsrichter, der in den einstweiligen Ruhestand versetzt worden war, war nachgesagt worden, in Spielgeschäfte verstrickt zu sein. Er wehrte sich in der Boulevardpresse mit einer Gegendarstellung: «Auch die Behauptung, ich hätte mit ‹meinen Kumpanen› um Geld ‹gezockt›, ist unzutreffend. Ich habe mit niemandem ‹um Geld gezockt›.»[31] Natürlich wäre interessant zu wissen, ob er sich nur gegen die Bezeichnung *um Geld zocken* zur Wehr setzen wollte oder gegen den Vorwurf der Teilnahme am Glücksspiel.

Das *Zocken* scheint in Trier Tradition zu haben. Im Herbst 1994 wurde am Pferdemarkt eine große Baugrube ausgehoben. Da man bei jedem derartigen Vorhaben in Trier unweigerlich mit den Zeugnissen der Römerzeit konfrontiert wird, wurde zugleich eine Rettungsgrabung vorgenommen. Das Ergebnis war erstaunlich. Aus dem Schlamm eines verlandeten Sees kamen römische Weinfässer und Spielsteine ans Tageslicht, was einen Archäologen zu der Behauptung veranlaßte: «Die Römer haben damals mehr oder weniger kräftig gezockt.»[32] Den See hatten die Römer mit Abfällen zugeschüttet. Darum stellte der Trierische Volksfreund den Grabungsbericht unter den Titel «Triers Römer: Umweltsünder oder Zocker?» Das Anrüchige der Spielleidenschaft und die Gerüche der römischen Kloake mischten sich hier in einem trierischen Bonmot.

Die sozialen Aspekte der Spielleidenschaft werden immer wieder als Stoff für zeitkritische Unterhaltung genutzt. Dabei sind offenbar die bildwirksamen Spielautomaten, wie sie im Fernsehfilm «Ausgespielt» zu sehen waren, ebenso einprägsam wie die von der Sucht gezeichneten Figuren. Rolf Silber hatte zum Beispiel «die Rolle einer greisen, weisen Zockerin aus Leidenschaft»[33] aufgeboten, Marcus Scholz in seinem Fernsehfilm «Glück auf Kredit» eine «raffgierige, alte Geldleiherin, die sich im Zockermilieu eine goldene Nase verdient».[34] Durch solche Filme wurde auch das ganze Elend der Spieler offenbar: «Im Hessischen Rundfunk war die Hölle los. Genauer: die Spielhölle. Der Keller im Frankfurter Rundfunkgebäude stand voll von Flippern und Automaten. Aber nicht als Freizeittreff für die Zocker aller Abteilungen. [...] So wurde denn eine jener Stätten nachgebaut, die so vielen Menschen zum Verhängnis werden. Silber nach intensiver Vorort-Recherche: ‹Das Zocken hat Folgen, die man in einem Film gar nicht zeigen kann. Zum Beispiel die Geschichte vom Zocker, der die Kassiererin am Eingang erschlug, nur um an etwas Geld für die nächsten Spiele zu kommen.› Das Zocken – eine Sucht wie die nach ‹Koks› und Heroin: auch das gehört zu den Zivilisationskrankheiten.»[35] In diesen Filmen wird das Interesse des Betrachters auf das Schicksal der Spieler gelenkt, die ihrem Spiel immer wieder in der Hoffnung auf unerwarteten Geldsegen nachgehen, letztendlich aber doch die Geschädigten sind, die gegen die Maschinen nicht gewinnen können. Zum Spiel gehören bekanntlich zwei, und zum Glücksspiel der *Zocker* gehört vor allem die Gewinnsucht, die bis zum Betrug gehen kann.

Das Spiel der *Abzocker*

Automatenaufsteller, Geldleiher und «Kredithaie» gelten als *Abzocker*, die es auf gnadenlose Profitmaximierung abgesehen haben. *Zocker* heißen auch die Börsenspekulanten,[36] deren Tätigkeit oft Assoziationen an Glücksspiele hervorruft. Als ein Devisenhändler der Kölner Herstatt-Bank das erfolgreiche Finanzhaus zu Fall gebracht hatte, hieß es, er habe «ein zu großes Rad gedreht». Dabei wurde der Devisenhandel mit dem Roulettespiel verglichen. Heute würde man einen solchen Vorgang wohl als Versuch der *Abzockerei* bezeichnen. Als im Sommer 1994 eine Betrugsserie in der Spielbank Bad Wiessee aufflog, hieß es: «Croupiers zockten ab.»[37]

Mit dem Ausdruck *Abzocken* wurde schon im November 1989 das Geschäftsgebaren von Versicherungen belegt, die Übersiedlern aus der DDR völlig unnötige Versicherungen aufgedrängt hatten. «Skrupellose Geschäftemacher nutzen die Unerfahrenheit der Übersiedler aus», hieß es dazu in einem Sonderheft der «Tageszeitung».[38] *Abzockerei* ist offenbar die Kehrseite der Marktwirtschaft, und so sah sich die in den Gepflogenheiten des Marktes unerfahrene ostdeutsche Bevölkerung gleich nach der Wende vielfältigen Versuchen der Übervorteilung ausgesetzt. Die Frankfurter Allgemeine schrieb bereits im Frühjahr 1991 unter der Überschrift «Abgezockt»: «Kein Wunder, daß sich mancher Ostdeutsche fragt, ob das nun die Segnung der Marktwirtschaft sei, daß er offenkundig überall ‹abgezockt› werden soll.»[39]

Als besonders einträglich für *Abzockerei* jeglicher Art erwies sich neben dem Versicherungsgeschäft die Tourismusbranche. Auch hier wurde die Unerfahrenheit der Ostdeutschen ausgenutzt, die lange auf die Möglichkeit zu Urlaubsreisen in südliche Länder hatten warten müssen. «Per Annonce und Telefon Urlauber ‹abgezockt›», überschrieb der Trierische Volksfreund seinen Bericht über einen Betrugsfall, bei dem eine Dresdner Reisegruppe «Opfer einer Gaunerei geworden» war.[40] In einem anderen Fall hieß es im Nachrichtenmagazin Focus: «Abgezockt! Ärger im Urlaub. Chaos bei den Flügen. Nepp, Diebstahl, Betrug. 400 000 Beschwerden bei Reiseveranstaltern.»[41] Den ersehnten «Platz an der Sonne» machte Focus als «Playa der Abzocker»[42] aus und brachte die Enttäuschung auf die griffige Formel: «Abgezockt im Urlaub».[43]

Abzockerei aufzudecken, wurde in den neunziger Jahren zu einer Art Volkssport. Da der Zeitschriften- und Fernsehmarkt härter umkämpft war als zuvor, fiel die Berichterstattung entsprechend grob aus. Das Fernseh-Magazin Report kündigte darum für die Sendung vom 27. Juni 1994 Berichte mit folgenden Titeln an: «Abzocker im Kurbetrieb: Millionenschäden durch falsche Abrechnungen?» und «Reibach mit Gotteslästerung».[44] Mit *Abzocker* und *Reibach* griffen die Fernsehleute sprachlich dabei zweimal in die Kiste mit den Jiddismen. Nicht nur die Vorsichtigen, die ihr Geld bei Versicherungen verloren hatten, und die Reisefreudigen, die bei der Urlaubsbuchung übers Ohr gehauen worden waren, mußten sich *abgezockt* fühlen, auch die Bodenständigen und Soliden kamen auf diese Weise unter die Räder. «Häuslebauer abgezockt», überschrieb der Trierische Volksfreund den Bericht über

eine Betrügerbande, die Bauinteressenten in Gera um Millionenbeträge geprellt hatte.[45] Daß dabei thüringische Bauwillige für
eine moselanische Leserschaft mit dem schwäbischen Ausdruck
Häuslebauer belegt wurden, zeigt noch einmal an einem anderen
Beispiel, daß auch die seriöse Berichterstattung um eindrückliche
Gestaltung des Textes und Griffigkeit der Formulierung bemüht
ist.

Abzockerei in Verbindung mit wirtschaftlichem und kulturel-
lem Anspruch wurde den Leitern der Salzburger Festspiele von
der Frankfurter Allgemeinen nachgesagt. Unter der Überschrift
«Salzburger Abzockerln» war im Feuilleton folgendes zu lesen:
«In Salzburg ist seit 1992, dem Jahr der zwei Herren, alles anders.
Überall sonst in der Welt des Schaugewerbes herrschen bekanntlich
Provinz, Deutschland, Konvention, Mißgunst, Altes, Engstirnig-
keit, Quantität, Artigkeit. Seit Gerard Mortier und Peter Stein die
Festspiele ‹impulsieren› (Mortier), herrschen dort Europa, Öster-
reich, Welttheater, Erneuerung, Innovation, Qualität, Andersartig-
keit. Aber erst jetzt wird bekannt, daß in Salzburg wirklich ein
neuer Geist west.»[46]

Den Kommentator hatte vor allem erregt, daß die Festspiel-
leitung die Verabredung getroffen hatte, ein zur Uraufführung vor-
gesehenes Stück solle für andere große Städte solange gesperrt
bleiben, wie es in Salzburg gespielt werde. Diese unter wirtschaftlichen Gesichtspunkten gewiß nicht unsinnige Vereinbarung erklärte sich der Kommentator so: «Der wahre Grund für die nur auf
den ersten Blick hirnrissige Aktion liegt vielmehr darin, daß die
Salzburger Festspiele, seit Mortier und Stein die Geschäfte führen,
dem Kommerz der Salzburger Abzockerln auf höherem Niveau in
die Hände arbeiten als frühere Direktorien.»[47] Mit *Salzburger Abzockerln* hatte der journalistische Wortspieler einen Ausdruck geprägt, der an *Salzburger Nockerln* erinnerte, jenes meist übersüße
Dessert, dessen einfache Zutaten durch fleißiges Schaumschlagen
zu einem ansehnlichen, aber stark aufgeblasenen Gericht ver-
arbeitet werden.[48]

Zocker im Sport

Der ganze Bereich des *Zockens* und der *Zocker* eignet sich hervorragend zur Übertragung auf den Sport. Sportwettkämpfe werden in der Presse gern als moderne Form des Glücksspiels dargestellt, bei dem immer weniger die Leistung über Sieg und Niederlage entscheidet. Da sich die Berufssportler hinsichtlich ihres Leistungsvermögens nicht allzuviel voneinander unterscheiden, geben häufig Zufall und Glück den Ausschlag. Doch gibt die Sportberichterstattung hier oft nicht der wahrheitsgemäßen und angemessenen Darstellung eines Sachverhalts, sondern der Erzeugung eines selbstreflexiven Textes den Vorzug. Dessen Aussagen sind einer inneren Wahrheit verpflichtet, die mit der Wirklichkeit des Wettkampfgeschehens nicht viel zu tun haben muß.

Einen in diesem Sinne charakteristischen Beitrag veröffentlichte der Trierische Volksfreund 1993. Es ging um die Eishockey-Weltmeisterschaft und um die Taktik, die der Bundestrainer der deutschen Mannschaft verordnet hatte. Nach einer Vorrunde begannen die für den Endkampf qualifizierten Mannschaften wieder bei Null, so daß die bis dahin erzielten Ergebnisse im weiteren Verlauf ohne Bedeutung waren. Dazu hieß es: «‹Zocker› Bukac spielt va banque. Der Eishockey-Bundestrainer verordnet ‹sechs Tage Ruhe› bis zum Viertelfinale. Der Doktor der Philosophie entwickelt Zockerqualitäten: Bundestrainer Dr. Ludek Bukac hakt die Vorrunde der Eishockey-Weltmeisterschaft nach dem 5:3-Sieg über Frankreich kurzerhand ab, da die Qualifikation für die Runde der letzten Acht praktisch feststeht. Bukac setzt nun alles auf eine Karte. [...] Er spielt va banque, Sekt oder Selters lautet seine Devise. [...] Die Zockermentalität des honorigen Bundestrainers kommt nicht von ungefähr.»[49]

Hier war der Situationsbericht in die Form eines Vergleichs gepreßt. Eishockey wurde als Roulette verstanden, bei dem Tüftler und Rechner den Erfolg zwingen zu können glauben. Dem Trainer, der als *Zocker* bezeichnet wird, werden eine *Zockermentalität* und *Zockerqualitäten* angedichtet. Sein taktisches Konzept wird mit dem Rouletteausdruck *va banque* belegt und das Ziel mit *Sekt oder Selters*, einer modischen Variation von *alles oder nichts*, umschrieben. So liefert der Einfall, Sport und Glücksspiel gleichzusetzen, ein Muster, aus dem der ganze Text abgeleitet werden kann, und zugleich ein Bild, das den Lesern nachdrücklich im Gedächtnis bleibt. Auch mit den Ausdrücken *abgezockt* und *das Abgezockte* wird auf diesen Zusammenhang verwiesen. *Abgezockt* heißt hier soviel wie ‹durch Zocken erfahren und abgeklärt geworden›.

Als der FC Bayern München sein Pflichtspiel bei Eintracht Frankfurt im März 1992 vor großer Zuschauerkulisse mit 2:3 verloren hatte, brachte auch die Frankfurter Allgemeine das Glück ins Spiel: «Bayern vermissen das Abgezockte, Eintracht fehlt fast nichts zum Glück.»[50] Nur zweieinhalb Jahre später war der Hintergrund solch metaphorischen Sprachgebrauchs schon entfallen, als der Freiburger Trainer Volker Finke seine Mannschaft nach einem glücklichen Sieg mit Spitzenmannschaften wie Bayern München verglich und der Trierische Volksfreund dies unter die «Bundesliga-Sprüche» einreihte: «Wenn wir mal nicht überzeugend gewinnen, waren wir in den Augen anderer schlecht. Macht dies eine renommierte Spitzenmannschaft, dann gilt sie als clever und abgezockt.»[51]

Unter *abgezockt* wird neuerdings auch verstanden, daß jemand ‹auf seinen Vorteil bedacht› ist, vor allem in finanzieller Hinsicht.[52] Da in diesem Wort das *Zocken* noch durchscheint, ist auch verständlich, daß es sich dabei um Tätigkeiten handelt, bei denen mit einem Minimum an Aufwand ein Maximum an Ertrag erzielt werden kann. Der Öffentlichkeit sind große Einkommen oft ein Dorn im Auge, insbesondere dann, wenn sie als unverdient angesehen werden. Das ist immer wieder im Fußball der Fall, wo Heranwachsende schon mit Beträgen entlohnt werden, für die sich ein großer Teil der Bevölkerung lange im Berufsleben mühen muß.

Als sich der Regionalligaverein Arminia Bielefeld durch die Verpflichtung von Spielern mit großem Namen den Aufstieg in die Eliteklasse des deutschen Fußballs glaubte sichern zu können, wurden die Neuen, die schon im fortgeschrittenen Alter waren, von der Konkurrenz nicht gerade mit Freude betrachtet. Sie wurden «als abgezockte Altherrenspieler abgetan, die in Bielefeld in Zukunft ihren Status reichlich ausnutzen würden.»[53] Und als die Spieler der deutschen Fußball-Nationalmannschaft im Sommer 1994 die Erwartungen nicht erfüllten, hieß es über das energische Durchgreifen des Verbandspräsidenten: «Braun hat bewiesen, daß

er nicht der Heinz Rühmann für Fußball-Fans ist, dem die abge-
zockten Profis auf der Nase herumtanzen können, sondern daß
nach wie vor er den Verband führt – wenn es sein muß, mit eiser-
ner Hand.»[54] Im Wort *abgezockt* steckt immer auch der Vorwurf,
viel Geld für wenig Leistung einstreichen zu wollen.

Abzocker und Öffentlichkeit

Mit demselben Vorwurf wurden auch Politiker belegt. Ein FDP-
Landesvorsitzender in Schleswig-Holstein trat zurück, nachdem
ihm vorgeworfen worden war, für die Beratung der mecklenbur-
gischen Landesregierung in Sachen Mülldeponie Schönberg ein
Honorar von knapp 900 000 Mark erhalten zu haben. Bei seiner
Rechtfertigung führte er aus, «er könne den Vorwurf, anstößig
gehandelt zu haben, nachvollziehen. Rechtlich sei das kein Krite-
rium. Es werde versucht, ‹nachweislich korrekte Honorarabrech-
nungen in den Geruch von Abzockerei zu stellen›.»[55] Einen
ähnlichen Vorwurf, finanziell jedoch von ungleich geringerer
Dimension, mußte sich die FDP-Fraktionsvorsitzende im Berliner
Abgeordnetenhaus gefallen lassen. Sie hatte ihre telegenen Frisu-
ren nicht selbst bezahlt, sondern aus öffentlichen Mitteln beglei-
chen lassen. Dazu bemerkte die Frankfurter Allgemeine mit un-
verhohlenem Zorn: «In Berlin, wo die Schmerzen des nationalen
Zusammenwachsens besonders zu spüren sind, bringen die aus
Steuergeldern finanzierten Frisörbesuche die FDP in den Ruf, die
Partei der lebensstilerprobten Abzocker zu sein, vor allem, wenn
jene Selbstbedienungsmentalität gerade auf dem Parteiflügel sichtbar wird, der sich als ‹sozial› versteht.»[56]

Auf *Abzockerei* scheint die Öffentlichkeit überall mit derselben
Empfindlichkeit zu reagieren, ob sie nun im Sport oder in der Politik auftritt. «Abzocken ohne Ende – das scheint die Devise der
Gemeinden in Deutschland zu sein!», hieß es in «Bild» zu Überlegungen, den Einzug von Verwarnungsgeldern wegen Ordnungs-
widrigkeiten im Straßenverkehr auch von Privatfirmen vornehmen zu lassen.[57] Der Gegenvorschlag an die Herren Stadt- und
Gemeinderäte lautete: «Nicht Abzocken, sondern sparen – bei den
Ausgaben und bei sich selbst.» Und um dem Vorschlag auch den
richtigen Nachdruck zu verleihen, forderte die Überschrift: «Spa-

Gemeinden jagen Autofahrer

Sparen, nicht abzocken!

Von GEORG GAFRON

Abzocken ohne Ende – das scheint die Devise der Gemeinden in Deutschland zu sein!

Kommt man mit den Abgaben nicht weiter, müssen neue Tricks her. Ganz klar, Lieblingsopfer auch hier wieder die Autofahrer!

In Berlin, Frankfurt/ Main und Hanau sollen demnächst sogar private Firmen beim Knöllchen-Reibach mitmachen. Jagd auf Kleinst-Verkehrssünder.

So haben wir uns die Privatisierung öffentlicher Aufgaben nicht vorgestellt, meine Herren Stadt- und Gemeinderäte! Phantasie ist gefragt: Nicht Abzocken, sondern Sparen – bei den Ausgaben und bei sich selbst.

ren, nicht abzocken!» So erschien in den wenigen Zeilen, die ein Kommentar in «Bild» umfaßt, dreimal das Reizwort *Abzocken*. Das Vorhaben der Stadtverwaltungen von Berlin, Frankfurt am Main und Hanau aber wurde als *Knöllchen-Reibach* bezeichnet. *Abzockerei* wird nicht nur als Betrug, sondern als Angriff auf die Grundlagen des Zusammenlebens gewertet. Daß hierzu ein Ausdruck verwendet wird, der auf ein Wort aus der Gaunersprache zurückgeht, kann nicht verwundern.

Ebenfalls nicht überraschend ist, daß seriöse Personen sich nicht als *Abzocker* bezeichnen lassen wollen.[58] Auch Boris Becker setzte sich gegen eine derartige Einschätzung zur Wehr. Als die Verhandlungen über einen Kooperationsvertrag zwischen dem

Tennisstar und dem Deutschen Tennis-Bund Ende Januar 1995 zu scheitern schienen, kommentierte Becker dies mit den Worten: «Am Ende sah es ja so aus, als stünde ich als der Abzocker da.»[59] Die Sportredaktion der Salzburger Nachrichten griff das Reizwort *Abzocker* sogleich auf und verwendete es in einem zweispaltigen Artikel insgesamt viermal. Dabei nahm die Formulierung eine immer entschiedenere Fassung an. Die Überschrift verkürzte Beckers Bemerkung zu der als Zitat ausgegebenen Formulierung: «‹Am Ende sah es so aus, als wäre ich ein Abzocker.›» Daß wörtliche Zitate in Überschriften von Tageszeitungen im Wortlaut verändert werden, ist heute ganz üblich. Daß dies aber eigentlich eine Fälschung darstellt, wird gar nicht mehr zur Kenntnis genommen. So sehr bedingen bereits technische Voraussetzungen des Mediums die Vermittlung der Wahrheit. In der Bildlegende war das Zitat zum dritten Mal verwendet und abermals in einer als wörtliche Wiedergabe des Gesagten ausgegebenen Fassung stark verändert: «‹Es sah so aus, als wäre ich ein Abzocker.›» Der nochmals verkürzte Bildtitel lautete schließlich «‹Abzocker› Boris Becker» und machte sich nicht der Fälschung eines Zitats, wohl aber der üblen Nachrede schuldig.

Deutlicher noch als bei anderen Veröffentlichungen zeigt sich hier die Signalfunktion des Wortes, die die Textperspektive auch im Zusammenhang mit öffentlichen Erwartungen justiert. Während Becker in seiner Stellungnahme, die im Text zitiert wurde, das Wort *Abzocker* noch distanziert gebrauchte, wurde es in der Überschrift zur Wiedergabe einer Meinung benutzt und im Bildtitel bereits zu einer Wertung verwendet, die nur durch den Gebrauch der Anführungszeichen ein wenig in Frage gestellt war. Dabei war diese Markierung nicht eindeutig. Sie konnte als Hinweis auf ein ungebräuchliches Wort, als Distanzierung von der dadurch ausgesprochenen Wertung, aber auch als Wiedergabe eines Zitats verstanden werden. Das Beispiel zeigt daher besonders klar, wie sich die Nuancen des Wortgebrauchs sogar innerhalb eines Textes und gewissermaßen unter den Augen der Leserschaft verändern können.

6.

Zoff um Zoff
Kennwort einer Epoche

Anders als im Fall der Wortfamilie *Zocker* ist der Gebrauch von *Zoff* im Deutschen relativ homogen. Das jiddische Wort *sof* ‹Ende› kommt im Rotwelschen seit 1840 als *Sof, Ssof, Szoff* und *Zoff* mit der Bedeutung ‹Ende, Ausgang einer Sache› vor.[1] Für die Sprache der deutschen Juden belegt Weinberg neben *soff* ‹Ende, Abschluß› auch die Form *zoff*.[2] *Mach soff* hieß ‹mach schon Schluß; beeile dich›. Im Deutschen steht *Zoff* heute vor allem für ‹Streit›.[3] Seine Bedeutung reicht nach Angaben der Wörterbücher von ‹Ärger›, ‹Reiberei› und ‹Unfrieden› über ‹Hader› und ‹Wut› bis zu ‹Auseinandersetzung›, ‹Händel›, ‹Zank› und ‹Zerwürfnis›.[4] Küpper behauptet, *Zoff* in der deutschen Alltagssprache seit etwa 1850 nachweisen zu können.[5] Belege fehlen. In seinem Wörterbuch der Umgangssprache hat er den Gebrauch von *Zoff* mit der Zeitangabe «seit 1900» versehen.[6] Die ältesten Zeugnisse aus dem Schrifttum bringt Küpper aus den Jahren 1948 und 1955 bei.[7]

Zoff im Deutschen

Heute ist *Zoff* ein Modewort des öffentlichen Sprachgebrauchs. Verwendung bei Halbwüchsigen hatte Küpper schon 1963 beobachtet.[8] Müller-Thurau weist *Zoff* 1984 der Jugendsprache zu und führt aus, es sei «ein Wort für ‹Ärger›, den Jugendliche nach eigenem Bekunden nicht selten zu Hause und in der Schule haben».[9] Auch Prosinger kennt es aus diesem Bereich.[10] Im Duden wird es seit 1973 aufgeführt.[11] Ein Beleg findet sich bereits 1914 in Alfred Kerrs Kritik des Schauspiels «Vom Teufel geholt» von Knut Hamsun.[12] Dort steht: «Der Titel des Dramas könnte berlinisch heißen: ‹Der miese Zoff›. Das dicke Ende.» Und zur Bekräftigung zieht

Kerr den bei deutschen Juden bekannten Ausdruck noch einmal heran: «Das dicke Ende. Der miese Zoff.»[13]

In der Frankfurter Mundart bedeutet *Zoff* abweichend vom üblichen deutschen Sprachgebrauch ‹Schluß›.[14] Das entspricht der jiddischen Bedeutung ‹Ende›. Entsprechend steht *mach Zoff* in Frankfurt für ‹mach Schluß›. *Zoff machen* führt auch Küpper mit der Bedeutung ‹Schluß machen› und der Bemerkung «um 1900» auf, außerdem mit der Bedeutung ‹Widerstand leisten›. Der Literaturbeleg dafür stammt aus dem Jahr 1954.[15] Das Frankfurter Wörterbuch kann hier mit genauerer Information dienen.[16] Schon 1941 hatte Hans Ludwig Rauh die wehrkraftzersetzende Frage *Gebts noch kaan Zoff mit dem Krieg* dem Zettelarchiv des Wörterbuchs anvertraut. Das ist ein eindeutiger Hinweis auf die Stimmung im dritten Kriegsjahr. Rauh fügte damals hinzu: «nach Angaben von Herrn Münster wird dieses Wort auch in nichtjüdischen Kreisen heute noch gehört.» Der Wörterbuchzettel mit diesen Angaben hätte, wenn er im Archiv entdeckt worden wäre, leicht als Hochverrat verstanden werden und die Mundartforscher in Todesgefahr bringen können.

Zoff im Milieu

Noch immer wird *Zoff* in der deutschen Presse auch bei Nachrichten aus dem Gaunermilieu verwendet. Als 1985 ein Etablissement in Göttingen völlig ausbrannte, wurde Brandstiftung vermutet.[17] Das Göttinger Tageblatt berichtete über Hintergründe, die eine Auseinandersetzung zwischen rivalisierenden Zuhältern vermuten ließen: «Kurz nachdem er [der Pächter] am 4. August den Betrieb aufgenommen hatte, bekam er Besuch von einer Delegation der örtlichen Vergnügungsmanager. Ihnen ging die Konkurrenz aus der Landeshauptstadt sprichwörtlich gegen den Strich. ‹Sie bedrohten mich massiv und machten mir ein Angebot, das ich nicht ablehnen konnte›, meinte der Pächter.» Diese Szene, die auch einem Film über die Mafia entstammen könnte, wurde unter der Überschrift «Zoff im Gunsthandwerk» wiedergegeben. Die Wortwahl und der süffisante Ton deuteten darauf hin, daß es einerseits um die Darstellung eines Brandfalles und vielleicht auch eines Verbrechens ging, der Vorfall andererseits aber auch Anlaß gab, ihn

Brandstiftung: Zoff im Gunsthandwerk
Landwehrschänke ausgebrannt – Pächter aus Hannover verdächtigt örtliche Konkurrenz

distanziert-ironisch zu behandeln. *Gunsthandwerk* ist ein Wortspiel wie *Gunstgewerbe,*[18] das man schon seit längerem für Prostitution lesen kann, *Zoff* dagegen ein Ausdruck, der Wirklichkeitsnähe evoziert.

Aus demselben Milieu war Jahre zuvor auch einmal ein Fußballspieler gekommen. Er war «ein halbes Jahr im Knast, vorher Geschäftsführer der ‹Dolly-Bar› mit ständigem ‹Zoff im Suff›.»[19] Das verhinderte aber nicht, daß er zu einem Idol der Fußballanhänger werden konnte. Hier war zu sehen, daß *Zoff* in der Presse für ein bestimmtes Milieu stand, in dem sich Zuhälter, Ganoven, aber auch Gestrauchelte und Gestrandete aller Art wiederfanden. Unter dem Titel «Straße der Armen» war 1987 im «Stern» ein sozialkritischer Bericht zu lesen, der Einblick in diese Welt vermittelte: «Die 60jährige traut sich nicht. In der Wohnung betrinkt sich ihre Tochter mit einem Freund, und wenn sie da reinplatzt, gibt es Zoff.»[20] *Zoff* und *Zoff im Suff* waren Ausdrücke für dieselbe Sache, das Elend der Alkoholiker auf der abschüssigen Bahn. Ende 1994 gab es eine folgenschwere Auseinandersetzung zwischen zwei angetrunkenen Besuchern einer Gaststätte in Trier. «Kneipenzoff endete in blutigem Zweikampf in der Saarstraße», schrieb der Trierische Volksfreund.[21] Einige Tage später wurde gemeldet, daß der eine der beiden Kontrahenten seinen Verletzungen erlegen war.

Zoff markiert aber nicht nur das Ganovenmilieu und soziales Elend, sondern auch Rauflust und Gewaltbereitschaft. Als der Mannheimer Morgen daran erinnerte, daß Skinheads «wie die meisten rechtsextremistischen Gruppierungen, denen sie zugerechnet werden», gegen Ende der siebziger Jahre erstmals in Erscheinung traten, wurde auch das ominöse Wort bemüht: «Skinheads machen ‹Zoff›.»[22] Es erschien auch bei Erörterungen radikaler Staatsfeinde

Kneipenzoff endete in blutigem Zweikampf in der Saarstraße

über die Frage, wie der von ihnen abgelehnte Staat zu bekämpfen sei: «Wir selbst fangen an, die Gewaltfrage zur Trennungslinie unter uns und gegenüber anderen zu machen. Wer ‹gewaltfrei› ist, hat Schiß und verdient bestenfalls ein mildes, mitleidiges Lächeln; wer dagegen den Zoff mit den Bullen sucht, ist militant, kurzum gut drauf.»[23]

In den achtziger Jahren wurde *Zoff* sozusagen salonfähig. Das bedeutete etwa, daß in der Pädagogik nicht mehr nur Konfliktvermeidung und Kompromißbereitschaft, sondern auch Konfliktbereitschaft und gesellschaftlicher Kampfeswille als Erziehungsziele angesehen wurden. Politisch motivierte Gewalttaten wurden gelegentlich als begründet hingestellt, gewalttätige Auseinandersetzungen in Schulen üblich. Einblicke in die Schulpraxis vermittelte auch die Presse: «Da gibt's echt genügend Zündstoff».[24] In der neunten Klasse einer Realschule bedeutete das: «Jeder läßt hier seinen Frust raus, macht ordentlich Zoff – die Jungen angeblich mehr als die Mädchen.» Was *Zoff* in diesem Fall war, wurde von Andi R. anschaulich beschrieben: «Zeitungsrascheln aus einer Ecke, Witze machen die Runde, Kreuzworträtsel werden mit Hilfe des Vorder-Hintermannes oder Nebenmannes mehr oder weniger lautstark geknackt, Bücher und Hefte mit schrillem Graffiti versehen, versäumte Hausaufgaben nachgeholt, es wird geschubst, gestoßen, geflüstert und gekichert und es werden Briefchen von einer Ecke der Klasse in die andere geschleust.»

Im Rückblick erschien 1982 den Redakteuren von Schülerzeitungen *Zoff* als politische Auseinandersetzung früherer Tage: «Der ‹Zoff› der sechziger und siebziger Jahre bis zur Nachrüstungsdebatte der frühen 80er scheint vorbei.»[25] Doch gab es immer noch Konflikte zwischen Schülern und Schulbehörden, so daß der Mannheimer Morgen schreiben konnte: «Der ‹Zoff› ist noch nicht ausgestorben.» *Zoff* war damals offenbar auch ein Ausdruck des Lebensgefühls, wie es die Generation der Achtundsechziger kultivierte. Eine Sozialpädagogin, Anfang der fünfziger Jahre geboren, erinnerte sich 1990 an ihre Jugend: «Ich bin in der Oberpfalz aufgewachsen und in einer entsetzlichen Kleinstadt in die Schule gegangen. Damals hatte Sozialarbeit noch den Anspruch: Mit der Arbeit Politik machen, die Gesellschaft verändern – das wollte ich. Aber meine Eltern waren enttäuscht, daß ich nur ein ‹Schmalspur›-Studium gewählt hatte. Danach habe ich mich bei der Bundesanstalt für Arbeit als Berufsberaterin ausbilden lassen und gleich Zoff mit den Vorgesetzten gekriegt. Meine Kleidung war ihnen zu bunt. Wir haben uns ‹im gegenseitigen Einvernehmen› getrennt.»[26]

In diesem sozialen Umfeld bedeutet *Zoff* nicht in erster Linie ‹gewalttätige Auseinandersetzung› oder ‹Streit mit tödlichem Ausgang› wie in einigen der zuvor angeführten Fälle, sondern ‹Unfrieden›, ‹Ärger› und ‹Konflikt›. Das ist die Bedeutung, die das Wort Ende der achtziger Jahre angenommen hatte, als es immer häufiger im öffentlichen Sprachgebrauch auftauchte. Als von einem Trierer Jugendhaus «mit Segen von Jugendpflege und Ordnungsamt» eine Open-air-Laserdisco veranstaltet wurde, die Anwohner von dem zu erwartenden Lärm jedoch nichts wußten und das Spektakel unvorbereitet über sich ergehen lassen mußten, «war der Zoff förmlich vorprogrammiert».[27] Im Trierischen Volksfreund war auch zu lesen, was *Zoff* hier umschrieb: «Auseinandersetzungen zwischen aufgebrachten Exzellenzhaus-Nachbarn und ‹Ruhestörern›», denen einige Väter «mit Hinweis auf ihre schlafenden Kinder Prügel angedroht» hatten.

Zoff im Sport

Mit der Zeit gelangte das Wort *Zoff* in der Presse auch in den Bereich der Sportberichterstattung. Im Sport sind alle Auseinandersetzungen fair und nach Regeln als Wettstreit auszutragen, doch sieht die Praxis häufig anders aus. Schon immer waren manche Formen des Profi-Sports wie das Boxen nicht nur edlen Zielen verpflichtet, sondern auch ein Geschäft, bei dem mit harten Bandagen gekämpft wird. Fußball wurde von einer Massenunterhaltung zu einer Art Ersatzkrieg, der mancherorts auf den Zuschauerrängen nicht mehr nur ritterlich geführt wurde. Die Berichterstattung paßte sich dem an. Zwar wurden die blutigen

Es gibt wieder mal „Zoff"
Herbe Kritik nach schlechtem Abschneiden der Schwimmer

Ausschreitungen in der Presse immer verurteilt, doch nahm das Vokabular in der gewöhnlichen Berichterstattung dort an Drastik zu, wo die einzelnen Presseerzeugnisse sich im Konkurrenzkampf am Markt behaupten mußten. Zum Stilwandel in der Presse gehört auch, daß die sprachlichen Mittel plakativer eingesetzt werden. Ausdrücke aus dem Gaunermilieu waren da offenbar willkommen.

Schwierigkeiten des Berliner Eishockey-Bundesligaklubs BSC Preußen beschrieb die Frankfurter Allgemeine als «‹Zoff› zwischen Präsident und Trainer, Manager und Fans». Dort, «wo goldene Perspektiven möglich schienen», fanden sich statt dessen «Zwietracht und ‹Zoff›».[28] Auch beim Deutschen Schwimmverband deckte die Presse *Zoff* auf: herbe Kritik und Enttäuschung nach einem schlechten Abschneiden mit einer mageren Medaillen-Ausbeute.[29] Schließlich kennen auch die Skisportler *Zoff*. Im Januar 1994 gab es «Wieder Zoff um Girardelli». Dabei war alles nur halb so schlimm: «Der Vater des Weltcup-Gesamtsiegers beschwerte sich in der Trainersitzung über Fahrervertreter Peter Wirnsberger, der seit dieser Saison offiziell die Interessen der Sportler bei Abfahrten und Super-G wahrnimmt. Marc Girardelli sei bei einer Fahrerbesprechung nicht eingeladen gewesen, und Wirnsbergers Aktivitäten entsprächen nicht dem Reglement des Internationalen Skiverbandes (FIS). Die Fahrer bekundeten daraufhin in einem Schreiben an die FIS-Verantwortlichen ihre Solidarität mit Wirnsberger.»[30]

Zoff stand hier für Gegenmeinung, Beschwerde und Solidaritätsbekundung und war deshalb wohl eher journalistische Übertreibung als angemessene Bezeichnung. Es handelte sich mehr um einen Sturm im Wasserglas als um ernsthafte Auseinandersetzung. Das galt auch für den «Zoff um die Staffel», den der Trierische Volksfreund bei dem Olympischen Spielen 1994 im Lager der Biathlethen ausgemacht haben wollte und der eine «Diskussion um die Staffel-Besetzung» betraf.[31] Heftiger war ein Streit zwischen zwei Automobilrennfahrern, die bei einem Rennen der Formel 3 im Motodrom von Hockenheim miteinander kollidiert waren und sich danach am Rande der Piste eine handgreifliche Auseinandersetzung geliefert hatten.[32] Der Trierische Volksfreund nannte dies «Zoff im Kiesbett».

Die breiteste Entfaltung erfuhr das Wort *Zoff* im Bereich des Fußballs. Seit Ende der achtziger Jahre gehört es zum Kernwortschatz der Journalisten, wenn Konflikte geschürt oder dargestellt werden sollten. Denn nicht selten waren die so bezeichneten Vorgänge viel harmloser, als dies eine Presse wahrhaben wollte, die ihr Augenmerk auf Sensationen richten zu müssen glaubte. Wo Streitigkeiten bis aufs Messer ebenso selten sind wie wahre Freundschaft, muß für das Lesepublikum oftmals aus einer Mücke ein Elephant gemacht werden.

«‹Zoff› auf dem ‹Betze›» hieß es, als der 1. FC Kaiserslautern 1989 kurz vor Weihnachten sein Heimspiel gegen Köln verloren hatte und dadurch in Abstiegsgefahr geriet.[33] Hektik und Erregung kennzeichneten die Situation. Tumulte, Beleidigungen, ein vermeintlich unberechtigter Elfmeter und ein Platzverweis für den Torjäger waren die Folge. Protestaktionen auf dem Spielfeld, Drohungen gegen den Schiedsrichter und Schmähungen durch das Publikum führte der Trierische Volksfreund als Indizien für die aufgeheizte Stimmung an. In diesem Durcheinander bewies die Fernsehaufzeichnung des Spiels, daß der Schiedsrichter seine Entscheidungen völlig zu Recht getroffen hatte. Der mit einem Platzverweis belegte Spieler sagte über sein Verhältnis zum Schiedsrichter: «Wir haben uns die Hand gegeben und ein frohes Weihnachtsfest gewünscht.» So fiel die Erregung auf dem Höhepunkt einfach in sich zusammen. Dennoch hatte der Vorfall Folgen. Als bei einem Spiel in einer unteren Spielklasse eine Mannschaft und ihre Anhänger mit den Entscheidungen des Schiedsrichters nicht einverstanden waren, schrieb die Lokalzeitung: «Mächtig Zoff gab es in Mülheim, wo die Gastgeber noch lange Zeit nach dem Schlußpfiff mit dem Unparteiischen haderten.»[34]

In der Regel wird *Zoff* im Sportjournalismus jedoch für Streitereien innerhalb der Mannschaften, zwischen Trainer und Mannschaft sowie zwischen Managern und Trainern verwendet. Eine «erhebliche Unruhe hinter den Kulissen» einer Mannschaft galt der Presse ebenso als *Zoff* wie die Vermutung, ein Manager habe seinem Trainer «das Zepter entrissen».[35] Bei dem Zweitliga-Verein

Eintracht Braunschweig nahm der *Zoff* 1991 viel handgreiflichere Formen an. Nachdem der Torwart vom Spielbetrieb suspendiert worden war, geriet der Verein in Turbulenzen. «Viel Zündstoff gab's schon vor dem Spiel», las man dazu in der Presse, und die Schlagzeile lautete: «Friedemann sorgt für noch mehr Zoff bei der Eintracht.»[36] Die Folgen reichten von lautstarken Protesten über Fan-Demos bis zu Morddrohungen. Bei Eintracht Frankfurt bestand *Zoff* im Jahr 1992 dagegen aus Wortgefechten, die sich zwei Kandidaten für Vereinsämter auf einer Mitgliederversammlung lieferten. Das veranlaßte den Trierischen Volksfreund zu der Feststellung: «Streit der Weltmeister störte die Eintracht. ‹Zoff› in Frankfurt.»[37]

Auch Auseinandersetzungen zwischen den Anhängern verschiedener Mannschaften bezeichnet man als *Zoff*. Wenn dabei der Sport nur noch Vorwand für Zerstörungswut und Vandalismus ist, spricht man auch von *Randale*.[38] Seit Ende der achtziger Jahre hatte die Gewalttätigkeit in den Stadien zugenommen. Manchmal wurde sie ganz bewußt herbeigeführt, wie ein Bericht über «Stasi-Skins im Stadion» schon 1990 nachzuweisen versuchte. Da hieß es aus dem Munde von Beteiligten: «Normal hatten die Zuschauer Angst vor uns. Die wollten keinen Zoff...!»[39] Was hier Vorgänge aus den letzten Jahren der DDR bezeichnet, suchte die Frankfurter Allgemeine auch in früheren Zeiten auszumachen. Als der Münchner Fußballverein TSV 1860 den Wiederaufstieg in die erste Bundesliga geschafft hatte, standen in München auch wieder Lokalderbys mit dem FC Bayern auf dem Programm. Im Vorbericht «Mit ‹schweren Waffen› gegen den ‹Löwen›-Mut» wurde im September 1994 an die gute alte Zeit erinnert, die 1965 vom Münchner Merkur beschrieben worden war: «Das Publikum geht, je nachdem, welche Knochen gerade krachen, teils begeistert, teils entrüstet mit. Auch auf den Rängen wird munter gerauft, Bierflaschen fliegen herum, mit einem Satz: Es herrscht eine Prachtstimmung.»[40] Im Rückblick der Beobachter vom Main war das Fußballspiel hier nicht die Hauptsache gewesen. «Zoff, Rauflust, ungehemmte Emotionen» hatten im Mittelpunkt gestanden. Doch war die journalistische Sympathie für den Ausbruch bayerischer Lebensfreude unverkennbar.

Wie sehr mit *Zoff* wirkliche Vorgänge mal mehr, mal weniger angemessen dargestellt und in welcher Weise hier realitätsferne Bewertungen vorgenommen werden, läßt sich an Presseartikeln deutlich ablesen. Bekanntlich lebt ein ansehnlicher Teil der Medien vom Sport, direkt durch Berichterstattung, indirekt durch die Werbebranche, die ihre Mittel im Hinblick auf Einschaltquoten und Auflagezahlen vergibt. Wenn zur Vorbereitung auf Länderspiele und Meisterschaftsturniere die Nationalmannschaften manchmal wochenlang in Quarantäne zusammengezogen werden und der normale Spielbetrieb ausgesetzt ist, so daß nennenswerte Ereignisse in dieser Zeit nicht zu vermelden sind, müssen berichtenswerte Vorfälle und Meinungen von den Journalisten selbst geschaffen werden. Divergenzen, Dissonanzen und Kräche sind offenbar gut geeignet, wenigstens kurzzeitig Interesse zu wecken.

Bei Vorbereitungsspielen zur Fußball-Weltmeisterschaft 1994 waren nicht die Form der Mannschaft oder die taktische Einstellung auf die Gegner der besonderen Aufmerksamkeit wert, sondern der «Hauskrach beim FC Bayern und Wechselgelüste von Stefan Effenberg».[41] Der Trierische Volksfreund stellte dies unter die Überschrift: «Zoff um Lothar Matthäus beherrscht WM-Generalprobe». Aus dem Artikel ging hervor, was den eigentlichen Grund für die Berichterstattung bildete. Es war «das geballte Medieninteresse», das auf möglichst spektakuläre Weise befriedigt werden mußte.

Dabei läßt sich gelegentlich beobachten, wie die Wirklichkeit durch die Darstellung überhöht und verzeichnet wird. Einen Situationsbericht aus dem Lager der niederländischen Fußball-Nationalmannschaft versah der Trierische Volksfreund 1994 mit der Überschrift: «Zoff bei den Oranjes um ‹Lama› Rijkaard.»[42] Dem Text konnte man entnehmen, daß Trainer und Spieler unterschiedliche Ansichten über die einzuschlagende Taktik hatten, der davon vor allem betroffene Spieler aber der Auffassung war, die Entscheidung sei Sache des Trainers. Damit wäre die Angelegenheit eigentlich erledigt gewesen, denn über etwas, was nicht ist, kann man schließlich nicht schreiben. So entstand ein Bericht, in dem Meinungen, Vermutungen und Andeutungen sich schließlich zum *Zoff* verdichteten.

Zur Zeit viel Zoff um Dino Zoff
Trainerjob bei „Juve" hat sich als Schleudersitz entpuppt

Hierbei spielt auch eine Rolle, daß das Wort *Zoff* Abwechslung und Farbe in ein Wortfeld bringt, das zwar stark besetzt ist, aber dennoch ständig nach Erweiterung verlangt. Denn auch in der Sportpresse gilt der Grundsatz: Variatio delectat. Da dieser Grundsatz jedoch mit einem zweiten verbunden ist, nach dem nur das Negative Aufmerksamkeit erregt, stand bei einem Rückblick über das Verhalten der deutschen Fußballnationalmannschaft bei Weltmeisterschaftsturnieren von 1974 bis 1990 eine «lange Liste von Streitigkeiten und Verfehlungen» im Mittelpunkt. Da wurde an den Krach beim WM-Bankett in München 1974, an heftige interne Querelen in Mexiko 1968, an Trinkgelage und Pokerspiele in Spanien 1982 und an vielfältige Zwistigkeiten zwischen Spielern erinnert.[43] Mit *Zoff* als dem stärksten Ausdruck wurde belegt, daß Pierre Littbarski 1990 Photos «vom Training, im Quartier und in der Kabine» gemacht und in einem Photoband veröffentlicht hatte, ohne seine Teamkollegen finanziell am Ergebnis zu beteiligen. Was hier als *Zoff* bezeichnet war, wurde im selben Atemzug auch als Mißstimmung und Verärgerung umschrieben.

Daß *Zoff* nicht nur ein Wort ist, mit dem Sachverhalte beschrieben und Bewertungen abgegeben werden können, sondern auch ein Sprachmittel, das vor allem wegen seiner Exotik und klanglichen Beschaffenheit verwendet wird, war schon 1990 in der Zeitung zu lesen. Der als aktiver Fußballer international hochgeschätzte italienische Torwart Dino Zoff war inzwischen als Vereinstrainer bei Juventus Turin tätig und hatte dort längst nicht den Erfolg, für den er im Weltmeisterteam von 1982 als «Dino Nazionale» gefeiert worden war. Nun spekulierte die Presse, wie lange er sich in seiner Position noch werde halten können. Der Trierische Volksfreund schrieb dazu: «Viel Zoff um Dino Zoff».[44] Wortspiele mit Namen gehören seit langem zu den beliebtesten Erscheinungen des journalistischen Stils im Bereich der Sportpresse.

Stilistische Gründe waren auch für die Verwendung des Wortes *Zoff* im Bericht über das Endspiel des deutschen Fußballpokals 1994 maßgebend. Das Spiel, zu dem Werder Bremen und Rot-

Weiß Essen antraten, schien schon vor dem Anpfiff entschieden zu sein. Zu groß war der Leistungsunterschied zwischen Bremen, Pokalsieger 1991, Sieger im Europacup 1992 und deutscher Fußballmeister 1993, und einer Mannschaft, die zum Abstieg aus der zweiten Liga verurteilt war. Aber das Spiel verlief ganz anders als erwartet. Bremen gewann zwar 3:1, der Erfolg schien aber eigentlich unverdient. Entsprechend war die Stimmung: «Es war, als hätten sie verloren – lange Gesichter, üble Laune», stand im Trierischen Volksfreund.[45] Über die Meisterschaftsfeier hieß es: «Eine Titelfeier, die einem Trauerbankett glich.» Die Parallelität der Formulierungen und die Verbindung von Gegensätzen in zweigliedrigen Ausdrücken ließen jedoch aufhorchen. Wo Alliteration im Spiel ist, fehlt auch die Freude am Wort nicht. Da tritt die Darstellung schon einmal zugunsten des gesuchten Ausdrucks in den Hintergrund, und so stand in Überschrift und Text, Bremen habe mit «Zagen, Zittern und Zoff» gewonnen. Ähnliches gilt auch für den «Zicken-Zoff», mit dem eine Boulevardzeitung zu den Olympischen Winterspielen 2002 die Konkurrenzsituation zwischen zwei Eisschnellläuferinnen in eine persönliche Auseinandersetzung ummünzen wollte.[46] Sie konnte das Wort *Zicken-Zoff* in Umlauf setzen und die sportliche Rivalität so anheizen, daß die Konkurrentinnen ihre Ziele abwechselnd verfehlten. Als beide Sportlerinnen Erfolg gehabt hatten, kam der Ausdruck jedoch schnell wieder außer Gebrauch.

Zoff in der Politik

In der Politik wird *Zoff* teilweise wie im Sport verwendet, teilweise aber auch anders. Die Übereinstimmung ist wohl darin begründet, daß Sport und Politik sich in der Öffentlichkeit darstellen müssen und Berufssportler wie Berufspolitiker von der Zustimmung der Bevölkerung abhängig sind. Der Selbstdarstellung kommt daher in beiden Bereichen eine hohe Bedeutung zu. Von ihr wird das Erscheinungsbild in der Öffentlichkeit ganz wesentlich geprägt. Die Wirkung beruht oft nicht darauf, was gesagt, sondern wie es vertreten wird. Die schleswig-holsteinische Ministerpräsidentin Heide Simonis gilt als eloquent und wurde darum als «Mutter aller Wortschlachten» bezeichnet.[47] Für ihren Stil wurde

1993 folgendes Beispiel angeführt: «Das wird nicht geprüft. Das wird geändert. Ende der Durchsage.» Heide Simonis wird «Umgang mit klaren Worten» bescheinigt, wofür sonst schon einmal *Tacheles reden* eingesetzt wird. Hier aber stand dafür das Wort *Zoff*. Damit war jedoch nicht nur gemeint, daß die Politikerin es nicht an deutlichen Worten fehlen lasse, sondern auch, daß sie Konflikte auszutragen bereit sei. «Zoff weicht Heide Simonis nicht aus», schrieb der Trierische Volksfreund. «Deswegen ist sie schließlich in die Politik gegangen – jedenfalls behauptet sie das.» Zum Glück wird im Verlauf des Textes dargestellt, daß diese Aussage sich auf Prinzipientreue und Entscheidungsfreudigkeit bezieht und auf die Bereitschaft, notfalls auch unpopuläre Maßnahmen zu treffen. Sonst hätte man noch meinen können, hier verstehe sich eine prominente Politikerin als Krawallschwester. Doch zeigt der Text auch, daß dem Wort *Zoff* seine Herkunft aus der Gaunersprache nicht mehr anhängt, wenn es mit einer dynamischen Politikerin in Verbindung gebracht wird.

Bereitschaft zum *Zoff* wird demnach schon als Charakterzug angesehen, der in der Politik positiv zu bewerten ist und als Befähigungsnachweis für leitende Funktionen in einer Landesregierung gelten kann. Von Holger Börners Ausruf «Ende der Fahnenstange» bis zu Heide Simonis' Schlußsignal «Ende der Durchsage» sind Worte als Ausweis der Tatkraft gewertet worden. Neu ist nun, daß dies auch für den *Zoff* gilt. Einem älteren Politiker, der von seiner Partei im Jahr 1994 nicht mehr für den Bundestag nominiert worden war, war die Nähe des Wortes *Zoff* zu Radau und Krawall noch bekannt. Fehlendes Einvernehmen in politischen Zirkeln umschrieb der als «Pfälzer Rebell» bezeichnete Abgeordnete so: «Die Balance zwischen der Arbeitsbelastung als Abgeordneter und seinen Möglichkeiten, in einer sich verändernden SPD noch etwas zu bewirken, stimme nicht mehr.» Doch warnte er vor «‹Zoff› auf dem Wahlparteitag in Halle» und empfahl, lieber «den Mund zu halten». Außer diesen eher spektakulären Fällen bezeichnet *Zoff* in der Politik weitere, sehr unterschiedliche Vorgänge. Sie reichen vom mehrstündigen Warnstreik in der Stahlindustrie[48] über Auseinandersetzungen in einem Ortsverein der SPD[49] bis zur Demonstration einer Volksgruppe für den Erhalt des Status quo in einem geteilten Land.[50] Es sieht so aus, als wenn hier endgültig der Stil über die Information triumphiere. Denn das Klangliche steht bei

Formulierungen wie «Zoff bei Krupp»,[51] «Zoff in Zewen»[52] und «Zoff auf Zypern»[53] so eindeutig im Vordergrund, daß es alles andere dominiert.

Zoff-Kultur

Endgültig in eine Sprache aufgenommen ist ein fremdes Wort wohl dann, wenn es den kulturellen Segen erhalten hat. Die Verwendung in der Lyrik bezeichnet dabei die Erhebung in den sprachlichen Adelsstand. Aber auch die Verwendung für Erscheinungen der Alltagskultur können ein Wort nobilitieren oder ihm wenigstens die niederen Weihen verleihen. Zoff hatte in der Presse schnell den Bereich der Kulturpolitik erreicht. Schon 1986 war nach den Worten von Wolfgang Stauch-v. Quitzow «‹Kulturzoff› im Ruhrgebiet» zu befürchten.[54] «Die Ruhrgebietsstädte kündigten […] ‹Zoff› an, falls in Düsseldorf aus den Reden für die kulturelle Entwicklung des Ruhrgebiets nicht endlich Taten werden». Auch beim Theater warfen die Schwierigkeiten, die mittlerweile zahlreiche Institutionen erfaßt haben, schon 1987 ihre Schatten voraus. Damals beantwortete Hansgünther Heyme die Weigerung der Essener Stadtväter, einen Umbau des Schauspielhauses zu finanzieren, mit der Streichung von Inszenierungsvorhaben. Der Wochenzeitung Die Zeit erschien das, was heute als selbstverständlich gilt, damals noch als Zoff.[55]

Zoff gibt es auch im Film. Ein amerikanischer Film kam 1986 mit dem Titel «Zoff in Beverly Hills» in deutsche Kinos.[56] Daß die Oscar-Preisverleihung 1992 wie in vielen Jahren zuvor umstritten war, veranlaßte die in dieser Hinsicht noch wenig erfahrene Thüringer Landeszeitung zu dem Ausruf: «Zoff um ‹Oscar›.»[57] Diese Verwendung des Wortes Zoff war atypisch. Den Normalfall gab das Fernsehen wieder. Als im Oktober 1989 Bilder aus der DDR gezeigt wurden, versuchte das DDR-Organ Junge Welt die Reportagen als Inszenierungen abzutun: «Wo die Meute der Westreporter, vor allem die TV-Teams hinzogen, waren Sekunden später ganz bestimmte Typen zur Stelle, die dann prompt für Zoff sorgten. Zum Beispiel, indem sie, untergehakt und ‹keine Gewalt› rufend, im Keil gegen unsere Polizisten losstürmten.»[58] Bemerkenswert ist, daß sich die Redakteure der Jungen Welt dem westlichen

Pressejargon schon so gut angepaßt hatten, daß ihnen das Wort *Zoff* glatt aus der Feder floß.

War der *Zoff* hier vielleicht auf Bestellung abgeliefert worden, um die Fernsehbilder wirklichkeitsnah erscheinen zu lassen, so gab es tatsächlich Ärger, als die Journalistin Christa Gierke im Dezember 1990 bei der Auszeichnung der Sportler des Jahres als Moderatorin auftrat. Da war der «Zoff am Freitag abend» vorprogrammiert.[59] Sie habe «zwar gute Fragen gestellt, aber von ihren Statements zu Steffi Graf und Boris Becker» hätten sich einflußreiche Persönlichkeiten distanziert, schrieb der Trierische Volksfreund. Das genügte der Redaktion schon, um das Wort *Zoff* einzusetzen. Es ging vielleicht auch gar nicht um die Darstellung der wirklichen Vorgänge, sondern darum, das voyeuristische Interesse an einer Person, die der Öffentlichkeit durch ihre Tätigkeit beim Fernsehen bekannt ist, mit einer Wortschablone zu befriedigen.

Wie *Zoff* in der Politik mit einzelnen Persönlichkeiten in Verbindung gebracht wird, so gehört er neuerdings offenbar auch zu bestimmten Veranstaltungstypen. Ein Beispiel ist die alljährliche Auszeichnung der besten Sportler, ein anderes der Wiener Opernball, der zu Beginn der neunziger Jahre als anachronistisch empfunden wurde. Nachdem seine Attraktivität für die Medien stark abgenommen hatte, bemühte der Trierische Volksfreund das Krawallmotiv: «‹Zoff› um den Wiener Opernball.» Die Nachricht betraf einen Widerspruch gegen die Anordnung, das Tanzparkett aus Sicherheitsgründen für Behinderte zu sperren.[60]

Diese Beispiele zeigen, daß das Wort *Zoff* in bestimmten Situationen immer öfter als Blickfang und zur Erregung von Aufmerksamkeit eingesetzt wird. Denn daß dies kein Einzelfall ist, bewies «Bild» mit der typischen Überschrift: «Lindenstraße. Zoff um Else Kling».[61] Damit der Leseanreiz auch groß genug war, hieß es noch einmal zur Einleitung: «Es zofft und kracht in der ‹Lindenstraße›.» Doch verbarg sich hinter diesen starken Worten ein wenig bedeutsamer Vorgang. Wirklichen *Zoff*, also Ärger und Streit, gab es im Fernsehen auch zu sehen. Aber der war im Fernsehspiel «Stein und Bein» bloß vorgestellt.[62] «Was kann schon dabei herauskommen, wenn ‹Ekel Alfred› Heinz Schubert [...] und ‹Meister Eder› Gustl Bayrhammer [...] eine Wohngemeinschaft gründen? Richtig: Mieterzoff.» Der Vermischung von Sein und Schein suchte die Redaktion des Trierischen Volksfreunds bei den Schau-

spielern und ihren Rollen durch den Gebrauch von Anführungszeichen entgegenzuwirken. Doch daß die Wohngemeinschaft und
der *Mieterzoff* nur gespielt und damit vorgestellt waren, ging aus
dem Text nicht hervor. Auch «Bild» hatte die Serienfigur mit der
Schauspielerin vermischt, als die Zeitung ihren Lesern weismachen
wollte, das «zänkische Hausmeister-Biest ‹Else Kling› alias Anne-
marie Werndl» streite um Vertragsangelegenheiten.[63] Und als im
selben Blatt über gerichtliche Auseinandersetzungen einer Bau-
herrengemeinschaft, der auch der Kabarettist Didi Hallervorden
angehört, mit einem Bauunternehmer berichtet wurde, wurde das
in dem Satz zusammengefaßt: «Das Gebäude ist fertig, jetzt gibt's
Riesenzoff!»[64]

7.

Es zofft und kracht
Jiddismen im Kontext

Wie alle anderen Wörter sind auch die Jiddismen in doppelter Hinsicht in der deutschen Sprache verankert. Als Elemente des Wortschatzes nehmen sie im Sprachsystem einen Platz ein, den Anzahl und Beschaffenheit ähnlicher Ausdrücke begrenzen und der das Bezeichnungspotential eines jeden Wortes in seinem Wortfeld bestimmt. Als Teil eines Textes werden sie vom Kontext her verstehbar. Die Verwendung der Jiddismen regeln nicht allein die Intentionen der Sprecher und Schreiber, sondern auch Textmuster und Schablonen, die sogar in Fällen ambitionierten Formulierens den Gebrauch bestimmen können. Diesen Zusammenhängen wird an einzelnen Beispielen nachgegangen.

Jiddismen in Wortfeldern

Welche Position die Jiddismen im deutschen Sprachsystem eingenommen haben, läßt sich am besten durch Betrachtung der Wortfelder klären, in die sie integriert sind. Solche Gruppen ähnlicher Bezeichnungen konstituieren sich nach Sprachschichten und -registern und verändern sich im Gebrauch. Im «Vergleichenden Synonymwörterbuch» führte der Duden *Zoff* 1964 noch nicht auf.[1] Die Darstellung des Wortfelds «Streit» umfaßte damals nur zehn Wörter. Neben *Streit* wurden *Zank, Gezänk, Gezanke, Auseinandersetzung, Zusammenstoß, Strauß, Krach, Disput* und *Polemik* als Synonyme angegeben. In der aktualisierten Ausgabe 1986 wurde dasselbe Wortfeld viel umfangreicher dargestellt. Im Zeichen der Streitkultur wurden viele Ausdrücke aufgeführt, darunter an vorletzter Stelle auch *Zoff*.[2] Von den Wörtern galten *Gezanke, Zankerei* und *Krach* als abwertend, *Knatsch* und *Stunk* als salopp, *Knies* und *Zoff* als salopp und landschaftlich. Das sollte bedeuten, daß sie nicht im ganzen Sprachgebiet üblich waren. Sechs Jahre später konnte v. Normann *Zoff* mit *Auseinandersetzung, Hader, Reiberei, Streit, Zank* und *Zerwürfnis* in eine Reihe stellen, ohne solche Einschränkungen machen zu müssen.[3]

Franz Dornseiff hatte *Zoff* in seinem Buch «Der deutsche Wortschatz nach Sachgruppen» schon 1959 im Abschnitt «Unlust verursachen» aufgeführt.[4] Dort stand es neben *Ärgernis, Beschwerde, Betrübnis, Crux, Druck, Kümmernis, Mißfälligkeit, Schmerz, Unannehmlichkeit, Unbill, Verdruß* und *Zores*. Im Gegensatz zu *Zoff* hatte Dornseiff *Zores* sogar dreimal genannt. Außer in der Nachbarschaft von *Zoff* war es auch im Abschnitt «Unordnung» aufgeführt, der Bezeichnungen von *Allerlei* bis *Wust* enthielt, und im Abschnitt «Streit, Kampf», in den Wörter von *Auseinandersetzung* bis *Zwischenfall* aufgenommen waren. Prosinger hatte *Zoff* in seinem Lexikon der Scene-Sprache mit ‹Ärger, Streit und Stunk› umschrieben und neben die jugendlichen Synonyme *Randale, Putz* und *Galama* gestellt.[5]

Dies alles zeigt, daß *Zoff* in der Gemeinsprache am Ende der fünfziger Jahre noch einen anderen Stellenwert und eine andere Bedeutung hatte als heute. Sein massenhafter Gebrauch in der deutschen Öffentlichkeit hat sich erst seit den achtziger Jahren entwickelt. Auch die Darstellung des Wortes *Zoff* in deutschen Wörterbüchern gibt einen Eindruck von der Stelle, die das Wort im deutschen Sprachsystem eingenommen hat. Hier wird es durch *Ärger, Händel, Streit, Stunk, Unfriede, Unfrieden, Wut* und *Zank* erklärt.[6] Diese Reihe gibt den Kern des semantischen Hofs an, in dem sich *Zoff* in der deutschen Sprache befindet. Die Bedeutung ‹Schluß›, die das Frankfurter Wörterbuch belegt hat, führt durch den Bezug auf die jiddische Bedeutung ‹Ende› aus diesem Bedeutungsbezirk heraus.[7]

Produktivität der Jiddismen

Die Bildung neuer Ausdrücke durch Ableitung und Zusammensetzung, die sog. Produktivität, ist bei manchen Jiddismen im Deutschen sehr stark.[8] Die Wortfamilie *zocken* und *Zocker* hat durch Wechsel der Wortart, Ableitung und Zusammensetzung bereits

Zuwachs bekommen.[9] Dem *Zocker* ist im Zuge der Gleichberechtigung auch das weibliche Pendant, die *Zockerin*,[10] zur Seite getreten, und das Verbum *zocken* wurde als *das Zocken* substantiviert. *Zockerei* ist in der Umgangssprache zu hören und *Abzockerei* schon ganz geläufig. Durch Zusammensetzung entstehen täglich neue Ausdrücke, in denen wie bei *Freizeitzocker*[11] und *Profi-Zocker*[12] das Wort *Zocker* als Grundwort oder wie bei *Zocker-Kundschaft*,[13] *Zocker-Maschinen*,[14] *Zockermentalität*,[15] *Zockermilieu*[16] und *Zockerqualitäten*[17] als Bestimmungswort erscheint.

Formulierungen und feste Wendungen

Das Wort *Zoff* ist auf andere Weise produktiv. Es erzeugt weniger neue Wörter als neue Formulierungen und Wendungen. Zwar gibt es mit *Kulturzoff*,[18] *Mieterzoff*,[19] *Kneipenzoff*,[20] *Familienzoff*[21] und *Riesenzoff*[22] Beispiele für Zusammensetzungen mit *Zoff* als Grundwort, doch fehlen Ableitungen wie *Zoffer, *Zofferin oder *zoffig und Zusammensetzungen mit *Zoff* als Bestimmungswort. Auch das Verbum *zoffen* ist noch nicht sehr weit verbreitet[23] und macht im ganzen nicht den Eindruck, einem allgemeinen Ausdrucksbedürfnis zu entsprechen. *Zoff* steht in Objektposition. *Zoff* kann man *vorprogrammieren*[24] oder *ankündigen*,[25] *suchen*[26] oder *geben*,[27] *machen*[28] oder *haben*.[29] Man kann *Zoff bescheren*[30] oder *für Zoff sorgen*,[31] *keinen Zoff wollen*[32] oder schließlich dem *Zoff nicht ausweichen*.[33] Man kann selbst *zoffen*[34] oder erfahren, daß *es zofft und kracht*.[35]

Trotz dieser Beispiele ist *Zoff* vor allem ein Wort der Formeln und Wendungen, das gern in zwei- und dreigliedrige Formulierungen eingesetzt wird. Mit *Zoff, Rauflust, ungehemmte Emotionen*[36] wurde ein farbiges Gemälde bayerischer Lebensfreude entworfen. Die Formulierung *Mit Zagen, Zittern und Zoff*[37] steigerte nicht nur die Mißklänge eines Sportereignisses, sondern bemühte auch den stampfenden Rhythmus der dreifachen Alliteration. Dieses Mittel verband auch *Zwietracht und Zoff*[38] zu einer Wendung, die dem Charakter der altgermanischen Rechtstermini vom Typ *Haus und Hof, Kind und Kegel* oder *Mann und Maus* entsprach und so der Behauptung einen Zug ins Grundsätzliche verlieh. Überhaupt scheint das Wort *Zoff* zu Experimenten mit

SPD: Zoff in Zewen

Haupert kontra „schillernde Trieschokratie"

dem Sprachklang zu verleihen. Die Formulierungen *Zoff auf Zypern*[39] und *Zoff in Zewen,*[40] *Zoff bei Krupp*[41] und *Zoff im Suff*[42] wirken wie das Rohmaterial für experimentelle Lyrik, der schließlich auch *Zoff um Zoff*[43] dienlich sein könnte.

Das Vorgefertigte und Schablonenhafte der Formulierungen zeigt sich auch darin, daß *Zoff* nur in wenige Muster eingepaßt wird. *Zoff in, am, auf* und *bei* sowie *Zoff um, zwischen* und *mit* sind die syntaktischen Leerformeln, die nach Bedarf aufgefüllt werden können. Am häufigsten wird *Zoff* in Orten, Gegenden, an Stellen, in Zuständen und Bereichen beschrieben: *in Frankfurt* und *in Stuttgart, im Ruhrgebiet,* aber auch *in Mülheim* an der Mosel und *in Zewen,* einem Vorort von Trier, schließlich sogar *in Beverly Hills.*[44] *Zoff* gibt es *im Kiesbett*[45] neben einer Automobil-Rennstrecke, aber auch *im Suff* und in einem Gewerbe, nämlich *im Gunsthandwerk.*[46] *Zoff* gab es *auf dem Betze,*[47] dem Fußballstadion des 1. FC Kaiserslautern auf dem Betzenberg, *auf Zypern*[48] und irgendwo *am Freitag abend.*[49] Wenn *Zoff* auf Personen bezogen wird, dann ist die Formulierung *Zoff um* besonders beliebt. Sie entbindet den Journalisten von der Verpflichtung zu genauerer Information und bezeichnet etwas Ungefähres, über das sich so schön schreiben läßt. Im Gegensatz zum Typ *Zoff um* kommen Formulierungen wie *Zoff zwischen* und *Zoff mit* nur gelegentlich vor. Dieser stark formelhafte Gebrauch des Wortes *Zoff* unterscheidet sich auch dadurch von der Benutzung anderer Jiddismen, daß das Wort noch immer in einem Viertel aller Fälle durch Anführungszeichen markiert wird.

Solidaritäten in Texten

Die Nachbarschaftsbindung der Jiddismen scheint Sprechern und Schreibern nicht immer bewußt zu sein. Wo ein Ausdruck jiddischer Herkunft verwendet wird, läßt der Sprecher oder Schreiber oft unbewußt auch einen zweiten folgen. Diese stilistische Solidarität ist so auffällig, daß sie zu einem konstitutiven Muster der Verwendung der Jiddismen zu zählen ist. Wenn z.B. der Name des Fußballvereins FC Schalke 04 fällt, stellen sich *Maloche* und *Malocher* als unumgängliche Assoziationen ein.[50] Als aber auf Schalke der Sport zu emotional betrieben wurde, gehörte auch die *Pleite* zum Assoziationspotential. Wie *Maloche* geht auch dieses Wort auf einen jiddischen Ausdruck zurück. In der Frankfurter Allgemeinen hieß es 1991: «Kaum war im Juni 1991 der Aufstieg nach einem Jahrzehnt voller zweitklassiger Pleiten perfekt, eröffnete Präsident Eichberg schon die ganz große Perspektive. [...] Aus ist es dann endgültig mit dem Zerrbild vom ehrlichen Malocher im königsblauen Dreß, der sich nach der harten Schicht vor Ort erst einmal vom Kohlenstaub befreien muß und den Fußball so ernst nimmt wie die Schinderei im Pütt.»[51] Daß die Wörter *Pleiten, perfekt, Präsident* und *Perspektive* durch Alliteration aneinander gebunden sind, verdeutlicht die oft unbewußte Nutzung der klanglichen Potentiale in der Sprache.

Bei den *Abzockern* gehört *Reibach* zur Textumgebung. Dieses Wort für ‹Profit› vertritt als jiddischer Ausdruck im deutschen Wortschatz die eher anrüchige Variante des Gewinns und verdeutlicht, daß einzelne Jiddismen früher durchaus eine latent antisemitische Konnotation haben konnten. Davon ist heute kaum noch etwas geblieben, weil den meisten Deutschsprachigen nicht mehr bekannt ist, woher diese Wörter stammen. In einem Bericht über Spielautomaten in Soldatenunterkünften ließ Wilfried Meisterburg 1988 den Signalwörtern *Zocker* und *Zockermaschinen* das Partnerwort folgen: «Schon reiben sich Wirte und Spielhalleneigner in der Umgebung von Kasernen und Truppenübungsplätzen die Hände – harrend des Reibachs, der nun gewiß in die Schächte ihrer Automaten fließen wird.»[52]

Georg Gafron verwendete in einem «Bild»-Kommentar zur beabsichtigten Privatisierung des Einzugs von Verwarnungsgeldern im Straßenverkehr 1995 dreimal das Wort *Abzocken*. Da durfte ein solidarischer Ausdruck nicht fehlen: «In Berlin, Frankfurt/Main und Hanau sollen demnächst sogar private Firmen beim Knöllchen-Reibach mitmachen.»[53] Noch kantiger formulierte die Redaktion des Fernseh-Magazins «Report» ihre Ankündigung für die Sendung am 27. Juni 1994. Auf «Abzocker im Kurbetrieb: Millionenschäden durch falsche Abrechnungen?» folgte «Reibach mit Gotteslästerung».[54] Diese Beispiele, denen viele andere zur Seite gestellt werden könnten, zeigen, daß es um Versuche zur sprachlichen Homogenisierung geht, die nicht nur der angemessenen Darstellung eines Sachverhalts, sondern auch dadurch der Erzeugung einer einheitlichen Textoberfläche dienen, daß Wörter derselben Herkunft gehäuft verwendet werden.

Themafixierung und Beiwortfunktion

Die Wörter der Wortfamilien *Zocker* und *Zoff* kommen am häufigsten in der Sportpresse vor. Die Sportarten reichen vom Boxen über den alpinen und nordischen Skisport, das Schwimmen, den Fußball und das Eishockey bis zum Pferderennsport und zum Automobilsport. Eigentümlicherweise konzentriert sich die Verwendung auf die Fußballberichterstattung, der drei Viertel der Belege zuzurechnen sind. Das restliche Viertel verteilt sich auf viele weitere Sportarten. Die Wörter werden fast ausschließlich bei Berichten über den Profisport verwendet; relativ selten werden sie für Vorgänge im Amateurbereich genutzt.[55] *Zocken* und *Zocker* kommen hier entsprechend ihrer Grundbedeutung im Themenfeld der Sportwette vor, wie sie traditionell mit dem Galoppsport[56] und gelegentlich aus Anlaß großer Wettkämpfe auch mit dem Fußballsport[57] verbunden wird. Die Verbindung mit dem Boxsport[58] läßt diese Form der Massenunterhaltung als Begleiterscheinung eines Wirtschaftszweiges erscheinen, der vornehmlich am Profit aus Geschäften mit Spielautomaten interessiert ist. Hier ist der sportliche Aspekt nur sekundär und allenfalls Rankenwerk eines leicht anrüchigen Unterhaltungsgewerbes.

In der Sportberichterstattung entfällt die Hälfte aller Verwendungen aus diesem Repertoire auf das Wort *Zoff*. Von diesen betreffen wiederum drei Viertel den Fußball, während von *Zoff* im

Schwimmsport,[59] im alpinen Skisport,[60] im nordischen Skisport,[61] im Eishockey[62] und im Automobilsport[63] wenig berichtet wurde. Die Ausnahme bildete im Olympiawinter 2002 ein Fall im Eisschnellauf. Daß das Wort so häufig in der Fußballberichterstattung erscheint, mag mit deren Anteil an der gesamten Sportpresse erklärt werden, aber auch mit der Einstellung auf ein besonderes Publikum zusammenhängen, dem offenbar Texte mit einer stark vorgeformten Ausdrucksweise geboten werden müssen, damit die Leseschwierigkeiten nicht überhandnehmen. Einen Sonderfall stellt jener Bericht dar, in dem einem Eishockeytrainer die Mentalität eines Glücksspielers unterstellt wird,[64] die dann ganz systematisch mit verschiedenen charakteristischen Ausdrücken behauptet werden kann. Hier überwiegen der metaphorische Charakter der Vertextung und die journalistische Neigung, die eigene Erfindungsgabe zu bemühen, wenn Neuigkeiten fehlen. Über einschlägige Erfahrungen, allerdings mit der türkischen Presse, berichtete der deutsche Fußballehrer Reinhard Saftig: «Vor Saisonbeginn bin ich von Journalisten angerufen worden. Die sagten, sie bräuchten Namen von Spielern, die nach Istanbul kämen. Wenn ich keine nennen wollte, würden sie welche erfinden.»[65]

Aus dem Fußball ist *abgezockt* in attributiver Funktion mit den Bedeutungen ‹klug, diszipliniert, vorausschauend› belegt,[66] auch in substantivierter Form als das *Abgezockte*.[67] Weniger positiv ist *abgezockt* gemeint, wenn damit ausgedrückt werden soll, daß jemand nur auf seinen Vorteil bedacht ist. Das kommt im Fußball vor,[68] wird aber meist mit dem Substantiv *Abzocker* benannt.[69] *Abzocker* werden auch in anderen Sportarten namhaft gemacht,[70] vor allem jedoch in der Wirtschaft und der Politik. Hier führen die öffentliche Kontrolle und der Neidkomplex dazu, Personen und Institutionen Übervorteilung und ungerechtfertigte Bereicherung zu unterstellen.[71] Das *Abzocken* war eine Nebenerscheinung des Zusammenbruchs der DDR. Unerfahrene Kunden waren den Verlockungen der Konsumwelt und den Betrügereien unseriöser Unternehmen anfangs oft schutzlos ausgeliefert. Besonders gravierende Vorkommnisse wurden aus dem Versicherungswesen,[72] der Touristikbranche[73] und dem Wohnungsbau[74] berichtet, so daß sich die Frage stellte, ob das *Abzocken* eine Besonderheit in den östlichen Bundesländern sei.[75] *Abzocker* wurden auch im Westen entlarvt, bei der Arbeitsvermittlung[76] und im Kurbetrieb.[77]

Daß auch Unregelmäßigkeiten der Croupiers einer bayerischen Spielbank als *Abzocken* bezeichnet wurden,[78] weist auf die Entstehung dieses Vorgangs im Bereich des Glücksspiels hin. Als ungerechtfertigte Bereicherung der Kommunen wird schon seit langem von vielen Autofahrern die gebührenpflichtige Verwarnung angesehen. Jetzt wird dies auch als *Abzocken*[79] bezeichnet. Ein Politiker versuchte sich dadurch zu profilieren, daß er vor einer «*Abzocker-Mentalität* bei kommunalen Geschwindigkeitskontrollen» warnte.[80] An diesem Beispiel läßt sich gut verfolgen, wie in der Mediengesellschaft die Entstehung eines politischen Vorschlags aus dem Wortgebrauch abgeleitet wird. Denn nachdem ein Journalist das Wort *Abzocken* in einer weit verbreiteten Boulevardzeitung verwendet hatte,[81] ließ sich der Politiker kurze Zeit später in demselben Sinn vernehmen.[82] Die Presse zog dann wenige Tage später in einem ähnlichen Zusammenhang wieder nach.[83]

Daß *Zocken* im Gaunermilieu des 19. Jahrhunderts das Glücksspiel war, läßt sich am Sprachgebrauch in der deutschen Sprache der Gegenwart noch ablesen. Die unterschiedlichsten Arten des Glücksspiels werden heute so bezeichnet, vor allem Automatenspiele, die leicht zur Sucht führen können. Das gesamte bildkräftige Thema war zweimal Gegenstand eines Fernsehfilms,[84] in denen die *Zocker* und das *Zocken* in allen Spielarten vorgeführt wurden. Mit den Wörtern werden sowohl die psychosozialen Problemfelder[85] als auch wirtschaftliche Aspekte[86] angesprochen. Es wird mit ihnen auf frustrierte Jugendliche[87] und wohlstandsverwöhnte Studenten[88] verwiesen. In vielen Fällen dienen diese Wörter als Signale für einen Bereich, in dem in wirtschaftlicher und sozialer Hinsicht Unordnung herrscht. Betrug[89] und Profitgier[90] sind Kennzeichen eines Gebiets, das manchmal den Geschäften der Gauner früherer Zeiten ähnelt. Wegen der Risiken, die die Wirtschafts- und Finanzspekulation mit sich bringt, werden auch die Spezialisten auf diesem Gebiet heute oft als *Zocker* bezeichnet.[91]

Einblicke in das Milieu am Rande der Gesellschaft, wo früher das Rotwelsche gedieh, werden mit Erkennungswörtern aus diesem Bereich markiert. Bordell, Erpressung und Brandstiftung waren Stichwörter eines Vorgangs, den der Ausdruck *Zoff* zusammenfaßte.[92] Vom Alkoholismus bis zum Totschlag[93] reicht das Spektrum der Verhältnisse, in denen *Zoff* im Alltag vorkommt. Die Gewalttätigkeit, die hier als Ergebnis fehlgeleiteter Sozialisation erscheint, tritt seit den siebziger Jahren auch als Begleiterscheinung des Wohlstands auf. *Zoff* konnte die Wahrnehmung des Rechts auf Meinungsäußerung, aber auch «Gewalt gegen Sachen»[94] und Auseinandersetzungen mit der Polizei[95] oder mit Familienvätern[96] meinen, die ihre Kinder vor randalierenden Jugendlichen schützen wollten. *Zoff* waren auch die Provokationen radikaler Jugendlicher,[97] deren Belästigungen häufig einem alkoholisierten Zustand entsprangen. Das Verhalten sozialer Randgruppen, wie es die in ihren Ansprüchen enttäuschten Jugendlichen zeigten, ahmten Schüler nach, die sich einer antiautoritären Erziehung hatten erfreuen dürfen. *Zoff* brachte «echt power in öde Stunden»[98] und belebte die Redaktionen der Schülerzeitungen.[99]

Das Spielerische und Unernste dieser Konflikte zwischen Jugendlichen und der Unterhaltungswert der Streitereien werden noch deutlicher, wenn die Bereiche Politik,[100] Theater,[101] Film[102] und Fernsehen,[103] Presse und Sport betrachtet werden. Das schließt nicht aus, daß wirkliche Auseinandersetzungen den Hintergrund für solche Vorgänge bilden können. Sie bleiben jedoch in der Regel unsichtbar, so daß das Vorgestellte für die Wirklichkeit genommen werden muß. Am deutlichsten ist das beim Klatsch. Was *Familienzoff*,[104] *Riesenzoff*[105] und *Zoff* um den Ball des Sports[106] oder den Opernball[107] wirklich sind, bleibt im Dunkeln. *Zoff* ist hier offenbar ein Leerwort, das sich gut zum Schaumschlagen eignet. Daß aber in diesen Fällen die Vorgänge jeweils personalisiert werden, zeigt eine weitere Eigenschaft des Wortes *Zoff*.

Es kann so stark mit bestimmten Personen verbunden werden, daß es als Epitheton wirkt und einen Wiederkennungseffekt bewirkt. Am deutlichsten war dies bei einer Politikerin, der das Wort *Zoff* wie ein Kleidungsstück umgelegt worden ist.[108] Bei Mitgliedern des europäischen Hochadels,[109] einer Sportjournalistin[110] sowie Darstellern in Fernsehserien[111] werden Personen, die man zu kennen glaubt, mit einem Wort, dessen Bedeutung unscharf ist, so verbunden, daß etwas hängen bleibt. Was hier als höchst fragwürdige Praxis des Enthüllungsjournalismus erscheint, wird von anderen Personen gern zur Steigerung des Bekanntheitsgrades akzeptiert. So profitieren auch Unbekannte, Hinterbänkler im Parlament[112] wie politische Lokalgrößen,[113] von dieser Technik, vor allem aber Berufssportler, deren Marktwert und Einkommen vom öffentlichen Interesse wesentlich mitbestimmt werden. Darum war es folgerichtig, daß mit dem Ausdruck *Zicken-Zoff* das Interesse der Öffentlichkeit auf zwei Eisschnelläuferinnen gelenkt wurde, die beide an der Steigerung ihres Bekanntheitsgrades und ihres Markwerts als Werbeträgerin interessiert sein mußten.[114] Als dies erreicht war, versuchten sie jedoch bald, das Kleid wieder abzustreifen, das ihnen mit dem Wort angelegt worden war. Denn als nur positiv konnte das Kompositum *Zicken-Zoff* wohl zu Recht nicht eingeschätzt werden.

8.

Zârôth oder Zôross
Erklärung der Jiddismen

Das Jiddische hat die Phantasie sensibler Zeitgenossen seit dem 18. Jahrhundert intensiv beschäftigt. Damals bemühten sich die Juden in Deutschland, in sprachlicher Hinsicht unauffällig zu werden und die ererbte Muttersprache gegen die deutsche Verkehrssprache einzutauschen.[1] Das führte zu stärkeren Kontakten mit der nichtjüdischen Bevölkerung, in der es für das Interesse am Jiddischen ganz praktische Gründe gab. Als Juden begannen, sich in den westlicheren Gegenden Preußens niederzulassen, wünschte die preußische Verwaltung bald, Einsicht in die Bücher der Geschäftsleute nehmen zu können. Da die jüdischen Händler die Bücher in ihrer Muttersprache zu führen pflegten, wurde schon im 18. Jahrhundert dekretiert, daß die Buchführung in deutscher Sprache zu erfolgen habe.[2] Denn anders hätten die Steuereinnehmer die für die Abgabenerhebung relevanten Daten nicht überprüfen können. Aber nicht nur der Fiskus wollte Klarheit, auch die Bauern wünschten sich, die Absprachen der jüdischen Händler auf Viehmärkten verstehen zu können. Diesem Wunsch entsprechend, erschienen bald zahlreiche populäre Aufklärungsschriften.[3] Doch wurde das Ziel, die Viehhändlersprache dadurch zu überwinden, daß ihre Ausdrücke allgemein bekannt wurden, nicht wirklich erreicht.

Die Neugier der Interessierten und das Erkenntnisinteresse der Sprachwissenschaftler richteten sich auf die jiddische Sprache im ganzen wie auf einzelne Wörter, vor allem auf diejenigen, die ins Deutsche entlehnt worden sind. Die Beschäftigung mit diesen Wörtern hat aber ganz unterschiedliche Ergebnisse erbracht. Einerseits wurden die Wörter aus dem Sprachwissen und in Analogieschlüssen gedeutet, andererseits hat die Wissenschaft mit den Methoden der Etymologie und der Semantik die Abhängigkeitsverhältnisse und die Entlehnungswege aufzudecken versucht. Dabei haben sich im Laufe der Zeit immer wieder neue Gesichtspunkte ergeben, die zu einer differenzierteren Darstellung und zu einer angemesseneren Berücksichtigung der beteiligten Sprachphänomene hätten führen können. Dennoch sind die Jiddismen heute noch immer nicht in allen Einzelheiten befriedigend erklärt. Auch werden die Fortschritte der Wissenschaft offenbar nicht immer gebührend zur Kenntnis genommen. Wie wäre es sonst zu verstehen, daß die Angaben in vielen heutigen Wörterbüchern weit hinter dem zurückbleiben, was bereits am Ende des 19. Jahrhunderts bekannt war? Ganz besonders phantasievoll sind Angaben in populären Sachbüchern.

Deutung der Jiddismen

In seinem Taschenbuch zur Jugendsprache der achtziger Jahre, das den Titel «Das rabenstarke Lexikon der Scene-Sprache» trägt, spekuliert Wolfgang Prosinger über die Herkunft des Wortes *Zoff*.[4] Obwohl sein Werk den großen «Durchblick für alle Freaks, Spontis, Schlaffis, Softies, Flipper und Hänger sowie deren Verwandte und sonstige Fuzzis» verheißt, scheint der Autor nicht ganz klar zu sehen: «Zoff: Hier ist die Etymologie völlig unklar. Selbst der gleichnamige legendäre italienische Fußball-Torwart hilft hier kaum weiter. Geboren wurde das Wort vermutlich aus der Vorliebe der alternativen Scene für die sog. Lautmalerei (welche sich zum Beispiel auch in den beliebten Imperativen ‹kotz›, ‹würg›, ‹ächz› wiederfinden läßt). Wie auch immer, ‹Zoff› bedeutet so viel wie Ärger, Streit und Stunk (‹Jetzt gibt's Zoff›). Der Zoff steht allerdings in einem starken Widerspruch zum Grundprinzip der alternativen Lebensanschauung; denn dieser geht es bekanntlich um nichts als Sanftmut, Frieden und Sanftmut. Deshalb ist der Alternative eigentlich zutiefst unglücklich, wenn es wieder mal Zoff gibt. Aber was sein muß, muß eben sein. Und sein muß der Zoff – abgesehen von politischen Notwendigkeiten (‹Auf die Dauer hilft nur Power›) – vornehmlich im Bereich der sog. Beziehungskisten (‹Gestern wieder ziemlich Zoff mit Ursel gehabt›). Weitere Worte für Zoff sind: ‹Randale› (pol.), ‹Putz› (pol. oder alkoholbedingt) oder aber auch das etymologisch ziemlich überraschende ‹Galama› (priv.).»[5]

Es ist nicht auszuschließen, daß der Autor das Wissen um die Herkunft des Wortes bewußt mißachtet hat, um den assoziativen Anschluß an die lautmalerischen Ausdrücke der Comic-Strips herstellen zu können und seinem Publikum, den Freaks, Spontis, Schlaffis, Softies und sonstigen Fuzzis, nicht zuviel zumuten zu müssen. Andererseits verwendet er den Terminus *Etymologie*, den mit *kotz, würg* und *ächz* sprachlich und intellektuell wenig verbindet. Prosinger leitet das Wort *Zoff* assoziativ aus seinem Sprachwissen ab, gibt Verwendungsbeispiele und Bedeutungsbeschreibungen, erkundet das sozio-kulturelle Umfeld und stellt den Ausdruck schließlich in ein Bezeichnungsfeld, das mit *Randale, Putz* und *Galama* nicht reich, aber farbig besetzt ist. Die Erläuterungen geben Hinweise auf Konnotationen, bei denen «pol.» politisch bedeuten soll.

Ganz anders als diese Wortassoziationen sind die Erklärungen, die die Fachwissenschaft vorbringt: «*Zoff* m. ‹Streit›, ugs. Eigentlich ein rotwelsches, aus dem Westjiddischen stammendes Wort, das aber ‹Ende, Abschluß› bedeutet (hebr. *sôf* ‹Ende›). Die Bedeutungsveränderung zum Deutschen wird auf die Wendung *mieser Zoff* ‹böses Ende› zurückgeführt.»[6] Hier wird zusammengetragen, was zur Erklärung eines jiddischen Lehnworts im Deutschen herangezogen werden kann. Außer dem grammatischen Geschlecht und der Bedeutung wird mit «umgangssprachlich» auch der Verwendungsbereich bezeichnet. Als Herkunft wird zutreffend das Jiddische angegeben; das jiddische Wort wird seinerseits auf das Hebräische zurückgeführt. Schließlich wird mit dem Rotwelschen auch die Kontaktzone bestimmt und so der Entlehnungsweg postuliert. An dieser Beschreibung, die alle wesentlichen Faktoren aufführt, ist Kritik nicht im Grundsätzlichen, wohl aber in Einzelheiten zu üben.

Anders als sein Vorgänger Walther Mitzka hat Elmar Seebold den Sprachgebrauch in deutschen Mundarten nicht mehr so stark in den Blick genommen. Deshalb wird *Zoff* hier auch nur in der Verkehrssprache, in den Umgangssprachen und in der Hochsprache dargestellt. Der Blick auf die Mundarten hätte das Bild noch weiter ausfüllen können. Die Behauptung, *Zoff* sei über das Rotwelsche ins Deutsche gelangt, ist dahingehend zu ergänzen, daß es auch, aber nicht ausschließlich durch die Gaunersprache vermittelt wurde, der wichtigere Entlehnungsbereich für dieses deutsche Wort jiddischen Ursprungs jedoch wie in vielen anderen Fällen der Sprachkontakt mit deutschen Juden war. Der Einschätzung, das jiddische Wort *sof* sei nur im Westjiddischen verbreitet gewesen, widersprechen die einschlägigen Wörterbücher für das Ostjiddische.[7]

Zwei Fragen sind nicht oder nicht ausreichend geklärt. Die erste betrifft die Lautgestalt. Im Jiddischen lautet das Wort *sof* mit stimmlosem *s*, im Deutschen *Zoff*. Hier handelt es sich um eine Ersetzung, wie sie auch sonst, z. B. bei *Suss* und *Zus* ‹Pferd› oder bei *Sonef* und *Zōnef* ‹Schwanz›, vorkommt.[8] Deshalb konnte Weinberg schon aus der Sprache der deutschen Juden neben *soff* auch die Form *zoff* belegen.[9] Die Schreibungen *Ssoff* (1840/1851),[10] *Szoff* (1916)[11] und *Zoof* (1922),[12] die Wolf aus Glossaren des Rotwelschen nachweist,[13] zeigen, daß der anlautende Konsonant stimmlos war und der Vokal lang gesprochen wurde. Aus diesen Belegen wird ein Schwanken in der Aussprache erkennbar, das dann zur Substitution des stimmlosen Dentals im Anlaut durch *ts* und zur Kürzung des Vokals geführt hat. Die zweite Frage betrifft die Bedeutung. Im Jiddischen steht *sof* für ‹Ende, Schluß›, im Deutschen dagegen für ‹Ärger, Unfrieden, Streit›. Küpper erklärte die Divergenz 1955 so, daß die Bedeutung ‹Unfrieden, Streit› «im Sinne von Ende der Freundschaft» zu verstehen sei,[14] 1968 jedoch dadurch, «daß einer, der des Streits müde ist, ‹Schluß!› sagt».[15] Andere Lexikographen bauen sich eine Brücke mit der Wendung *mieser zoff* ‹böses Ende›,[16] die Weinberg aus der Sprache der deutschen Juden belegt und Johannes Erben in einer Theaterkritik aus dem Jahr 1914 nachgewiesen hat.[17]

Der Berliner Schriftsteller Walter Mehring, der mit seismographischer Genauigkeit auf die sprachlichen Entwicklungen seiner Zeit reagierte, hat das Wort *Zoff* in einer Satire aus dem Jahr 1931 verwendet, die die hysterischen Ängste rechtsradikaler Politiker zum Thema hatte.[18] Ein Chor von Ostjuden wünschte den Deutschen *blutigen Zoff*. In seiner Satire übersteigerte Mehring die Züge der antisemitischen Schmähliteratur zur Groteske, wie es ein Jahr später auch Robert Neumann in seinen Parodien «Unter falscher Flagge»[19] vorführen sollte. Damit ist ein Beleg für die semantische Verbindung von ‹Ende› über ‹Kampf› und ‹Streit› bis zu ‹Ärger› erbracht. Der Bedeutungswandel von ‹Ende› zu ‹Kampf› könnte wie in der Formulierung «Den Datschen [Deutschen] blutigen Zoff»[20] erfolgt sein. Der Sprecher hätte mit dieser Wendung ein ‹blutiges Ende› herbeiwünschen, der Hörer sie aufgrund des Attributs und des Kontexts jedoch als Ankündigung eines ‹blutigen Kampfes› verstehen können.

Mehrings Text enthält eine ganze Reihe von jiddischen Wörtern und Floskeln. Sie weisen deutlich auf das Ostjiddische, das Mehring in den zwanziger Jahren in Berlin überall, vor allem aber im Scheunenviertel, hören konnte.[21] Da Mehring ein exzellenter Kenner der verschiedenen Sprachvarianten war,[22] hätte er wohl kaum das Ostjiddische gewählt, wenn er die Sprache der deutschen Juden zitieren wollte. Sein Text bestätigt daher, daß *sof* auch aus dem Ostjiddischen entlehnt worden sein kann. Die Substitution des *s* durch *z* müßte dann im Deutschen als der aufnehmenden Sprache erfolgt sein.

Abwegig ist der Versuch, *Zoff* mit dem deutschen Erbwortschatz in Verbindung zu bringen. Henne/Objartel halten eine sprachgeschichtliche Beziehung für unwahrscheinlich,[23] nennen aber mit *zoffen* und *zaufen* sowie *Zofe* jene Wörter, die dafür rein formal in Frage kämen. Während sich beim Wort *Zofe* wohl kein Deutschsprachiger eine Sprachverwandtschaft mit dem Wort *Zoff* vorstellen kann, liegen die Dinge beim Verbum *zoffen* anders. Denn dieses Wort ist als Ableitung von *Zoff* gebildet worden und kommt jetzt gelegentlich in der Presse vor. Das mitteldeutsche Wort *zoffen*, das im Grimmschen Wörterbuch angeführt wird,[24] hat damit nichts zu tun. Dieses *zoffen* ist eine Nebenform zu *zaufen* mit der Bedeutung ‹zurückgehen, zurücktreten›. Wenn das Zugvieh zurückgehen sollte, rief man früher in Süddeutschland *zauf*, in Mitteldeutschland *zōf*.[25] Das werden aber nur Hornochsen als Ankündigung von *Zoff* verstanden haben.

Kritik der Etymologie

Die Homomorphie der Wörter *zoffen* ‹zurückgehen› und *zoffen* ‹streiten›, also die Gleichartigkeit der Ausdrucksgestalt bei vollkommen verschiedener Herkunft, lenkt den Blick auf ein Problem, das der Sprachwissenschaft in Einzelfällen beträchtliches Kopfzerbrechen bereiten kann. Es geht um die Frage, ob gleichlautende oder gleichgeschriebene Wörter mit unterschiedlicher Bedeutung zusammengehören und nur Varianten eines Wortes darstellen, oder ob es sich um zwei getrennte und daher voneinander ganz verschiedene Ausdrücke handelt. Mit diesem Problem haben die Dialektlexikographen ständig zu tun. Was in einem gedruckten Mundartwörterbuch unter einem Stichwort zusammengefaßt ist, haben die Bearbeiter oft nur mit Mühe aus den vielen vorliegenden Varianten herausgefiltert. Die Sprachwissenschaft unterscheidet Homonymie und Polysemie. Im ersten Fall handelt es sich um gleichartige, aber von ihrer Herkunft her verschiedene Wörter, im zweiten Fall um ein Wort mit mehreren Bedeutungen. Bei der Beurteilung von Jiddismen spielen Polysemie- und Homonymiephänomene eine Rolle. Während bei *zoffen* bisher noch nicht ernsthaft behauptet worden ist, daß die beiden angeführten Bedeutungen ein polysemes Wort konstituierten, sind bei anderen Wörtern solche Erklärungen schon erwogen worden.

Die in der deutschen Sprache der Gegenwart häufig vorkommenden Wörter *zocken* und *Zocker* werden gemeinhin als Entlehnungen aus dem Rotwelschen dargestellt, die auf jidd. *s-chocken, zchoken, choken, zocken* ‹Kartenspielen› und *s-chocker* ‹Spieler›, ‹Spekulant› zurückgehen.[26] Von dieser Auffassung weichen einige Lexikographen ab. Walther Mitzka gibt für *Zocker* ‹Spaßmacher› im Schlesischen überhaupt keine etymologische Erklärung.[27] Das kann daran liegen, daß Mitzka sich nicht sicher war, ob *Zocker* ‹Spaßmacher› und *Zocker* ‹Spieler› als Polysemiephänomen zu verstehen sind. Das Fehlen einer etymologischen Erklärung kann aber auch eine Folge der Absicht Mitzkas sein, das Schlesische Wörterbuch als Dokumentation einer untergehenden Mundart in kürzester Frist vollständig vorzulegen und etymologische Untersuchungen deshalb späterer Forschung vorzubehalten. *Zocken* für ‹zupfen, zerziehen, in kleinen Mengen herausziehen› und mit der übertragenen Bedeutung ‹rupfen, schröpfen, einem viel Geld abnehmen› wird aus einer deutschen Sprachinselmundart in Siebenbürgen gemeldet; *zocken* für ‹ruckartig ziehen› und *Zocker* für ‹mit einer kleinen Bleikugel beschwerter Haken für das Angeln von Barschen› kennen die Angler.[28]

Während die Grundbedeutung eindeutig auf das deutsche Erbwort *zocken* verweist, kann bei der Bedeutung ‹einem viel Geld abnehmen› eine semantische Beziehung zum jidd. *zocken* ‹Kartenspielen› nicht ausgeschlossen werden. Die Brücke zwischen den

Bedeutungen ‹einem viel Geld abnehmen› und ‹Kartenspielen› ergibt sich durch die Bedeutung ‹Spekulant› für das zugehörige Substantiv *Zocker*[29] und auch dadurch, daß es beim Kartenspiel meist um Geld geht. Sie ermöglicht, an eine Einzelbedeutung ‹(mit Geld) spekulieren› für *zocken* zu denken, die ganz in die Nähe der Bedeutungen ‹rupfen, schröpfen, einem viel Geld abnehmen› führen würde. Obwohl bisher nicht behauptet worden ist, daß *zocken* ‹spielen› und *zocken* ‹schröpfen› ein polysemes Wort darstellen, zeigt dieses Beispiel doch, wie sich die Sprachverhältnisse bei einzelnen Wörtern im Laufe der Zeit verändern können.

Viel verwickelter scheint die Herleitung des Wortes *Zores* zu sein, das heute aus der deutschen Sprache weitgehend verschwunden ist, aber noch in der ersten Hälfte des 20. Jahrhunderts in Mundarten und auch im privaten Schriftverkehr vorkam.[30] Es handelt sich um ein im Jiddischen ganz übliches Wort, das der hebräischen Komponente entstammt und auf hebr. *zarah* ‹Sorge› zurückgeht.[31] Die hebr. Pluralform lautet *zaroth*. Im Jiddischen wurde daraus in westjiddischer Aussprache *zoro, zore*, Plural *zoros, zores*.[32] Im Ostjiddischen sprach man das Wort im Gebiet des litauischen Dialekts *zore*, Plural *zoress* aus, im Gebiet des polnischen Dialekts *zure*, Plural *zuress*.[33]

Die Entwicklung der Aussprache bei den Juden haben die deutschen Lexikographen des 19. Jahrhunderts, die ihr Ohr bei der Aufnahme der hessischen und nassauischen Mundarten geschult hatten, sorgfältig beobachtet. Joseph Kehrein notierte 1876 zum Wort *Zores*, es sei «jüdischdeutsch» und stamme vom hebr. *çârôth*, das *zôros* gesprochen werde.[34] Wilhelm Crecelius beschrieb Herkunft und Übernahme ins Jiddische 1899 noch genauer, wenn er darauf hinwies, daß das hebräische Wort *zârôth* von den deutschen Juden «*zôross* (das zweite *o* ganz kurz)» ausgeprochen werde und die Bedeutung ‹Bedrängnisse, Nöte› habe. Es sei der Plural des hebräischen Wortes *zârâh*, das von deutschen Juden *zôre* ausgesprochen werde und ‹Bedrängnis, Not, Trübsal› bedeute.[35] An diesem Befund hat sich bis heute nichts Wesentliches geändert.

In den deutschen Wörterbüchern kann man jedoch Erstaunliches finden. Die Angabe in einem kleinen Mundartwörterbuch, das Wort *Zores* gehe auf ein jiddisches Wort *Zoren* zurück, das dem mittelhochdeutschen Wort *zorn* entspreche, ist nur ein Beispiel für eine besonders abwegige Deutung.[36] Daß aber bis in die jüngste

Gegenwart das deutsche Wort *Zores* immer noch aus dem Hebräischen hergeleitet wird, ohne daß das Jiddische als entscheidende Vermittlungsinstanz auch nur Erwähnung fände, ist doch ungewöhnlich. Solange die Zusammenhänge noch bekannt waren, war dies ein abgekürzter Hinweis, der durch das Sprachwissen aufgefüllt wurde. Seitdem die Kenntnis der jüdischen Herkunft dieses Wortschatzteils jedoch weitgehend geschwunden ist, bekommen die Erklärungen des Wortes *Zores* als «hebräisch» oder aus dem Hebräischen stammend jenen irreführenden Akzent, der sie als falsch erscheinen läßt. Den Lexikographen war bei ihren Angaben offensichtlich nicht wohl, wie das Schwanken zwischen den verschiedenen Möglichkeiten anzeigt. Lutz Mackensen leitete *Zores* 1952 aus dem Hebräischen her, 1975 aus dem Jiddischen und 1977 wieder aus dem Hebräischen.[37]

9.

Rest von Mameloschn
Jiddismen in der Gegenwart

Obwohl man oft nicht genau weiß, was mit den jiddischen Wörtern im einzelnen gemeint ist, und schon gar nicht mehr bedenkt, was mit diesen Ausdrücken früher verbunden war, haben Jiddismen in der deutschen Öffentlichkeit Konjunktur. Das läßt sich daran ablesen, daß sie gern als Blickfang und zur Erzeugung von Aufmerksamkeit verwendet werden. Sie geben zugespitzten Äußerungen ihre Würze und erscheinen in Überschriften von Presseartikeln. Im Titel von Büchern und Zeitschriften, bei der Bezeichnung von Fernsehsendungen und im Namen von Kultureinrichtungen können Wörter aus dem Jiddischen diese Funktion besonders eindrucksvoll erfüllen.

Jiddismen als Signale

Noch immer kommt es vor, daß mit einem jiddischen Wort auf ein jüdisches Thema hingedeutet wird. Das war im 19. Jahrhundert bei Humoristica durchaus üblich. Unter Titeln wie «Schmonzes-Berjonzes», «Koschere Mezies» oder «Kein Bischen Risches»[1] konnten sich aber in der Regel nur Juden etwas vorstellen. Für ein größeres Publikum wurden die Titel um 1900 schon verständlicher formuliert und lauteten dann «Schabbes-Schmus» oder «Schmus und Stuss».[2] Bewährte Kreationen wie «Frisch, gesund und meschugge» wurden Ende der zwanziger Jahre nochmals aufgearbeitet.[3] Heute kommen für diesen Zweck nur bekannte Ausdrücke in Frage. Sie werden dann mit Untertiteln gleich in die entsprechenden Schubladen einsortiert. «Wie meschugge kann man sein?» hieß ein Band, der «Jüdische Witze und Anekdoten für Kenner und Genießer» präsentierte.[4] Mit Jiddismen im Titel wird nicht nur auf jüdische Themen verwiesen, sondern auch auf einen jüdischen Autor gedeutet. Berühmte Werke des jiddischen Nobelpreisträgers Isaac Bashevis Singer heißen daher in der deutschen Ausgabe «Massel & Schlamassel» und «Meschugge».[5] Manchmal spielt ein Autor mit der jüdischen Konnotation des Titels wie André Heller bei seinem Erzählband «Schlamassel».[6]

Jiddismen werfen aber nicht nur Schlaglichter auf Jüdisches, sondern sind auch Merkzeichen für etwas ganz anderes, wenn sie nur weit genug in die deutsche Sprache integriert sind. Das ist beim Wort *Maloche* der Fall, mit dem in Deutschland in erster Linie schwere Arbeit und Ruhrgebiet assoziiert werden. «Maloche: Leben im Revier»,[7] «Maloche ist nicht alles»[8] und «Das Revier: ‹nicht nur ein Land von Ruß und Maloche›»[9] lauten einschlägige Titel. Die jüdische Konnotation des Ausdrucks wird mit dem Buch «Maloche – nicht Mildtätigkeit» aufgerufen, das dem Schicksal ostjüdischer Arbeiter in Deutschland in den Jahren 1914 bis 1923 gewidmet ist.[10]

Daß bei Buchtiteln wie «Gesunde Katzen: Schmusen ohne Gefahr»,[11] «Vom Schmusen und Liebhaben»[12] und «Lieben, kuscheln, schmusen. Hilfen für den Umgang mit kindlicher Sexualität»[13] ein jiddisches Wort für Aufmerksamkeit sorgen soll, wird dem Betrachter normalerweise kaum auffallen. Zu tief ist *schmusen* schon in der deutschen Sprache verankert, als daß es noch als fremd wahrgenommen werden würde. Das gilt auch für *mies*, das für so deutsch angesehen wurde, daß die Nationalsozialisten es sogar in der Propaganda zur Stärkung der Heimatfront verwendeten.[14] Das hätten sie kaum getan, wenn das Wort noch als jüdisch eingeschätzt worden wäre. Heute läßt sich mit einem Ausdruck der Wortfamilie immer noch eine besondere Wirkung erzielen, beispielsweise im Titel des Buches «Kollege Querulant: vom Miesmacher zum Mit-Arbeiter»[15] Hier sind klangliche und semantische Phänomene für die Komposition des Titels genutzt. Die Alliteration von *Kollege* und *Querulant* und von *Miesmacher* und *Mitarbeiter* bindet die Ausdrücke paarweise aneinander, während Bedeutungen und Abfolge sie als Wörter erscheinen lassen, mit denen die Gegensätze von früher und später, schlecht und gut sowie desintegriert und kooperativ zusätzlich ausgedrückt werden können. Das Wort *Miesmacher,* das früher einmal im jüdischen Börsenjargon ‹Baissier› bedeutet hat und damit in einer bestimmten Weise positiv konnotiert war,[16] ist hier nur Pendant zum *Querulanten* und Gegengewicht zum *Kollegen* und zum *Mitarbeiter*. Eine vergleichbare Ausdrucksfülle wird von anderen Wörtern nicht immer erreicht, weshalb sich Jiddismen in solchen Fällen zur Erzielung bestimmter Wirkungen besonders anbieten.

Eizes für die Eingeborenen

Ein kaum bekanntes jiddisches Wort hatte Wolf Biermann 1992 für seine Abrechnung mit dem Spitzelsystem einer untergegangenen Republik parat, als er seinem Buch den Titel gab: «Der Sturz des Dädalus oder Eizes für die Eingeborenen der Fidschi-Inseln über den IM Judas Ischariot und den Kuddelmuddel in Deutschland seit dem Golfkrieg».[17] In einer ganzen Reihe ungewöhnlicher und teilweise fremdartiger Ausdrücke, die auf die griechische Mythologie, die Ethnologie, die biblische Geschichte und die Alltagserfahrung verweisen, fiel das jiddische *Eizes* nicht weiter auf. *Eize* bedeutet ‹Rat› im Sinne von ‹Ratschlag›[18] und ist im Deutschen so gut wie unbekannt. Dagegen ist es im Rotwelschen verbreitet und wird dort auch für ‹Rat› mit der Bedeutung ‹Ratsherr› verwendet.[19] Es ist also ein Wort für Eingeweihte, und als ein solcher versteht sich der Autor des «polemischen Traktats»,[20] der nach den Worten seines Interpreten Hannes Stein «andauernd neue Wörter» kreiert,[21] von denen dieses aus dem Jiddischen entlehnt ist, direkt oder auf dem Weg über das Rotwelsche.

Für den Titel eines Buches über die Verwandtschaft Franz Kafkas hat nur der deutsche Verleger das Repertoire der Jiddismen bemüht. In seiner Ausgabe trägt das Buch den Titel «Kafkas Mischpoche».[22] Die Verwendung des jiddischen Wortes anstelle von *Familie* oder *Verwandtschaft* hat der Autor in der deutschen Ausgabe eigens gerechtfertigt: «Die Bezeichnung ‹Mischpoche›, die im Titel dieses Buches erscheint, stammt aus dem Hebräisch-Jiddischen und kann, wenn überhaupt, vielleicht am besten nur mit einem englischen Wort, ‹clan›, wiedergegeben werden. Miteinbezogen sind alle nahen, aber auch die ferneren Verwandten, blutsverwandte wie angeheiratete».[23] Der Titel der amerikanischen Ausgabe lautet jedoch «Kafka's relatives»[24] und bezeichnete das Thema ganz neutral. Vielleicht sollte man den Autor fragen, warum im englischen Titel *relatives* und nicht *clan* steht. *Mischpoche* ist im Deutschen nicht unbekannt, wird aber eher selten und dann meist leicht ironisch oder scherzhaft verwendet. Die Besprechung der deutschen Übersetzung eines Romans von Herman Wouk «Der Enkel des Rabbi» überschrieb die Frankfurter Allgemeine «Die verrückte Mischpoke».[25]

Für diesen Typ eines Buchtitels gibt es in der deutschen Literatur eine Reihe älterer Beispiele. Schon 1964 hatte Salcia Landmann «Rezepte aus Alt-Österreich für Feinschmecker» unter den Obertitel «Koschere Kostproben» gestellt,[26] zehn Jahre später der Deutsche Taschenbuchverlag einen Band «Satirisches aus Prag» mit dem Titel «Nebbich, meint der Katz» versehen.[27] Ben Witter, der Kolumnist der Wochenzeitung Die Zeit, nannte seine gesammelten Maulwürfe «Nebbich».[28] Das war in den sechziger und siebziger Jahren keineswegs neu, sondern der bewußte Rückgriff auf ein älteres Muster.

Die «Illustrierte Halbmonatsschrift» der Brüder John Heartfield und Wieland Herzfelde sowie des Zeichners und Malers George Grosz, die am 15. Februar 1919 zunächst mit dem Titel «Jedermann sein eigner Fussball» erschienen war, erhielt von der zweiten Ausgabe an den Titel «Die Pleite».[29] Damit wurde auf die Kapitulation des Deutschen Reichs und die Abdankung des Kaisers angespielt, die als Bankrotterklärung des Staates, der bisherigen Gesellschaftsordnung und der Politik angesehen wurde. In aggressiver Formulierung wurde mit der Vergangenheit abgerechnet: «Nationalversammlung der Wasserleichen, Meeting der bremsenden Jammergreise; quasselnd quollen ihre flinken Münder aus vierjährigem Blutschlamm auf. Pleite. [...] Das Gekreisch eurer abgenutzten Notenpresse schwingt über unseren Köpfen. Doch: – ihr seid Pleite».[30]

Schlamassel allenthalben

Von den aus dem Jiddischen stammenden Wörtern ist *Schlamassel* in der deutschen Umgangssprache eines der bekanntesten. Es bedeutet ‹Durcheinander, Unglück› und verbindet wahrscheinlich dt. *schlimm* mit jidd. *masel* ‹Glück›. Vielleicht ist es über das Rotwelsche aus dem Westjiddischen entlehnt worden. Die Herkunft des Wortes zeigt sich noch im modernen Ostjiddischen. Dort heißt es *der schlimasel* oder *dos schlimasel*, das zugehörige Adjektiv ist *schlimaseldik*, ein ‹Unglücksrabe› *der schlimesalnik*. Der *schlimschlimasel* ist ein ‹ganz großes Unglück›.[31]

In der deutschen Presse kommt *Schlamassel* nur gelegentlich vor. Umweltpolitik und Entsorgungsindustrie haben es mit einem *Schlamassel* zu tun. «Zwei gegensätzliche Wegweiser aus dem Umweltschlamassel» erkannte die Frankfurter Allgemeine 1986;[32] zwei Jahre später hieß es im selben Blatt: «Die Mitarbeiter von Transnuklear sind enttäuscht und verbittert. Die Geschäftsführung wirft dem belgischen Partner vertragswidriges Verhalten vor.» Bei der Fortsetzung des Artikels auf der folgenden Seite titelte die Redaktion: «Transnuklear: In Mol ist ein Schlamassel zu ordnen».[33] In jeder Hinsicht im *Schlamassel* stecken sahen sich Diplomaten und Flüchtlinge im Herbst 1989 in der deutschen Botschaft in Prag, und die Redaktion überschrieb so auch den Bericht.[34] In einem scheinbar wortwörtlichen Sinne hatten die Mitglieder eines Gemeinderats im Kreis Trier-Saarburg *Schlamassel* verstanden. Denn als ein Forstdirektor im Mai 1985 von «katastrophalen Beschädigungen des Bestandes» infolge von Sturmschäden gesprochen und wegen des schlammigen Bodens den teuren Einsatz einer schweren Kettenraupe als unumgänglich dargestellt hatte, war im Gemeinderat von einem «Schlamassel im Wald» die Rede, «das man sich in Zukunft nicht mehr bieten lassen» wolle.[35]

Sturmschäden stellte die Frankfurter Allgemeine auch in der Politik fest, als sie eine politische Glosse zum Rücktritt des Außenministers Genscher «Nach dem Wirbelsturm» überschrieb.[36] Als wenn er den Sachzusammenhang von der CDU-Fraktion im Gemeinderat von Zemmer-Rodt im Kreis Trier-Saarburg gelernt hätte, begann der Glossist Johann Georg Reißmüller seine Bemerkungen mit dem Satz: «Das FDP-Ministerschlamassel hat sich nicht rückstandslos wie eine Wolke verzogen; einiges wird bleiben».[37] Hat nun André Heller an Sturmschäden oder an Dreck gedacht, als er dieses Wort zum Titel eines Buches machte? Vielleicht hat er nur ein Wort gesucht, das zwar in aller Munde ist und den Zeitgeist spiegelt, aber doch wieder nicht so genau zu fassen ist, daß die wünschenswerte Vagheit bei der Bezeichnung der «vignettenartigen Beobachtungen und kleinen Erzählungen»[38] seines «poetischen Bilderbogen[s]»[39] verlorengehen würde.

Chuzpe, Schmus und Tacheles

Von den jiddischen Wörtern hat *Tacheles* in den letzten zwanzig Jahren eine der erstaunlichsten Entwicklungen genommen. Bis in die siebziger Jahre war es ein jiddisches Wort, das fast nur bei deutschen Juden bekannt war. Heute wird es überall gebraucht, wenn es auf starke Worte ankommt. Daß ein Mittel, das im Fußballgeschäft so vorzügliche Wirkungen zeitigt, in der Politik nicht unbeachtet bleiben kann, bewies Helmut Kohl, der im März 1993 «mit den eigenen unbotmäßigen Leuten Tacheles» redete,[40] nachdem die hessische CDU schon zwanzig Jahre vorher gefordert hatte: «Mit Franz Josef Strauß muß jetzt einmal Tacheles geredet werden», und der damalige hessische Landesvorsitzende Alfred Dregger gesagt hatte: «Ich werde ein Wort mit ihm darüber reden».[41] Natürlich wird ein solch probates Mittel auch andernorts eingesetzt. So redeten beispielsweise die Weinexperten von der Mosel 1990 «‹Tacheles› in einer von ‹Pro Riesling› veranstalteten Podiumsdiskussion».[42]

Wie Monika Plessner in ihrer Erzählung «Ein Abend bei Adornos»[43] beschreibt, redete Helmut Plessner schon 1952 mit Max Horkheimer *Tacheles*, als der zum zweiten Mal Rektor der Universität Frankfurt geworden war, und anschließend auch im Kultusministerium in Wiesbaden. Aber nicht nur Experten und Wissenschaftler, sondern auch Künstler und Macher reden *Tacheles*. Bei der Einweihung des sehr großzügig dimensionierten Neubaus der Bayerischen Staatskanzlei in München tat dies nur der Architekt.[44] Bei den Stadtschreibern in Bergen-Enkheim hat es hingegen schon Tradition. Deren Mentor Franz Josef Schneider hatte einst gefordert: «Tacheles reden, ein bißchen philosophieren, aber auch provozieren, wenn die Laune danach ist».[45] Davon hatten sich wohl auch die Schriftsteller und Künstler in Ost-Berlin leiten lassen, als sie sich 1990 im «Kunstverein Tacheles» trafen und die Zeitschrift «Tacheles» zu erscheinen begann.

Manche Wörter werden gleichsam erratisch verwendet, ohne Wortartenkonversion, Ableitung oder Zusammensetzung. Ein solches Wort ist *Chuzpe* ‹Frechheit, Unverschämtheit›.[46] Es steht fast immer allein, so sehr, daß es in der Frankfurter Allgemeinen schon als Einwort-Überschrift verwendet wurde: einmal im Feuilleton[47] und einmal in der Leserbriefspalte.[48] Dabei wird das Wort mit einem Witz erklärt, der für sich selbst spricht: «Auf die Frage, was ‹Chuzpe› sei, gibt es nur eine Antwort. Es ist eine Geschichte. Der Angeklagte, der beschuldigt ist, seine Eltern umgebracht zu haben, erhält nach den Plädoyers vom Richter die Gelegenheit, ein Wort an die Geschworenen zu richten. Nach kurzem Bedenken wendet er sich an sie: ‹Hohes Gericht, ich bitte bei der Urteilsfindung zu berücksichtigen, daß ich Vollwaise bin.›»[49] Die Quintessenz lautet: «Als Exempel für ‹Chuzpe› ist diese Geschichte nicht zu überbieten».

Anders als *Chuzpe* hat *Schmus* eine Wortfamilie gegründet.[50] Neben *schmusen*[51] gibt es auch den *Schmuser* ‹Heiratsvermittler›, der auch *Heiratsschmuser* und *Hochzeitsschmuser* genannt wird. Seine Tätigkeit wird als *schmusen*, aber auch als *zusammenschmusen* und *verschmusen* bezeichnet.[52] Der Lohn für eine Ehevermittlung heißt *Schmus*, *Heiratsschmus* und *Schmusgeld*; manchmal nennt man ihn auch den *Schmu*, vielleicht in den Fällen, in denen einer der Partner mit dem Ergebnis der Vermittlung nicht zufrieden ist.[53] *Schmusen* heißt nun aber auch die Suche nach Einvernehmen jenseits der Beziehung von Mann und Frau, wenn z. B. eine Fußballmannschaft schon mit einem Unentschieden zufrieden ist[54] oder sich eine politische Gruppierung mit einer anderen verständigt. Die Jugendorganisation der FDP störte 1988 der *Schmusekurs* der Parteiführung[55] gegenüber dem Koalitionspartner CDU/CSU, und auch die SPD-Opposition verweigerte sich der Mitverantwortung für den Staatsvertrag zwischen der Bundesrepublik Deutschland und der damals noch existierenden DDR. Das kleidete der hessische Ministerpräsident Eichel in die Worte «Kein Schmusekurs».[56]

Schmusen ist ein gutes Beispiel für Bedeutungsentwicklungen, die an Jiddismen gebunden sind. Offenbar ermöglicht es die Vagheit dieser Ausdrücke, rasch neue Nuancen auszudrücken. Von ‹reden›, ‹zärtlich reden› und ‹zärtlich sein› über ‹Kompromisse schließen› und ‹Einvernehmen herstellen› bis zu ‹sich im sportlichen Wettkampf ohne Ergebnis trennen› ist es dann jeweils nur ein kleiner Schritt. Eine kleine Sammlung von Komposita mag die Produktivität des Wortes verdeutlichen: *Schmuseluxus*,[57] *Schmusepolitik*,[58] *Schmuseprämien*,[59] *Schmuserezepte*[60] und *Schmuse-Taktik*.[61]

Manche Jiddismen besetzen eine bestimmte Stelle in Wortfeldern, etwa bei Synonymen, wo es schon in den zwanziger Jahren in Berlin hieß: «Knorke is zweemal so schnafte wie dufte.»[62] Auch im Konnotationsbereich werden Jiddismen eingeordnet, z. B. unter die Modewörter: «Kein dufte, doof und super»,[63] oder in Stilfiguren, wie sie etwa durch Alliterationsbindung geschaffen werden: «Scheu und Scham ebenso wie Courage und Chuzpe».[64] Jiddismen würzen Aufzählungen, wie sie im Feuilleton geschätzt werden. Ihre Kulturkritik unter dem Titel «Die Postmoderne frißt ihre Revolution» versah die Frankfurter Allgemeine mit der Unterüberschrift: «Aus deutschen Zeitschriften: Spiel und Pathos, Tacheles und Abfall, Schuld und Sühne».[65] In drei Zwillingsformeln wurde das ganze Repertoire der Formulierungskunst genutzt: Disparates, Weithergeholtes und Literarisches ließ sich so auf eine knappe Formel bringen.

Mies oder gut betucht

Die Verwendung der Jiddismen in der Presse hat oft etwas Stereotypes und Plakatives an sich. Das zeigt sich an den Kontexten, etwa bei attributivem und prädikativem Gebrauch. *Mies* werden Zeit,[66] Luft[67] und Wetter[68] genannt. *Mies* sind auch Menschen, die man dann aber als Typen bezeichnet.[69] Es werden ihnen ein *mieser* Charakter,[70] *miese* Laune,[71] *miese* Tricks[72] und *miese* Ergebnisse attestiert.[73] Wenn die Stimmung *mies*[74] ist, dann ist bei *miesem* Wetter[75] auch die Erntestimmung *mies*.[76] Das hat *miese* Verpflegung[77] und *miese* Nachrichten[78] zur Folge, und wenn der Nobelpreis verliehen wird, nennen die Nichtberücksichtigten die Entscheidung der Jury «ungerecht und mies».[79]

Zur Beliebtheit der Jiddismen in der deutschen Presse trägt offenbar auch bei, daß sie in stilistischer Hinsicht ungewöhnlich offen sind. Sie lassen sich zu Stilfiguren und Wortspielen nutzen, z. B. zu Alliterationsketten wie *koschere Küche*,[80] *maßloser Miesmacher*[81], *kaputter Koscher-Koch*[82] oder *Riesenreibach*.[83] In der Sportpresse sind Wortspiele mit Namen beliebt. «Dufte, Dufter!» rief der Trierische Volksfreund aus, als Thomas Dufter bei der Weltmeisterschaft in der nordischen Kombination den 5. Platz belegt hatte.[84] «Zur Zeit viel Zoff um Dino Zoff» titelte dieselbe Redaktion, als der Fußballtrainer der italienischen Mannschaft von

Juventus Turin in Schwierigkeiten war.[85] Die Wortspiele verweisen auf einen weiteren Aspekt der Jiddismen: das Assoziationspotential und die Offenheit für volksetymologische Umdeutung. Daß *Schlamassel* nicht mit *schlimm*, sondern mit *Schlamm*, Erde und Dreck in Verbindung gebracht wird, wurde schon erwähnt. *Dufte* hält man für eine Ableitung von *Duft*.

Betucht ‹wohlhabend› wird schließlich immer öfter wörtlich als ‹mit Tuch versehen› verstanden. Dann wird davon geredet, daß man *gut betucht* sei. Diese Attribuierung kommt auch in der Presse vor,[86] daneben auch *wohlbetucht*,[87] *sehr betucht*[88] und auch *weniger betucht*.[89] Von da ist es bis zur Paraphrase, bei der der Rest der jiddischen Herkunft getilgt wird, nicht mehr weit. Natürlich werden solche volksetymologischen Umdeutungen auch wortspielerisch eingesetzt. So werden die Erbauer der Igeler Säule, eines aus dem 3. Jahrhundert stammenden Grabmals in der Nähe von Trier, in «einer ‹betuchten› römischen Tuchmacher- und Handwerkerfamilie» vermutet.[90] Die Anführungszeichen lassen dabei erkennen, daß *betucht* wortspielerisch-doppeldeutig gebraucht ist und der Autor dies auch kenntlich machen will. In ähnlicher Weise wurde die feine Gesellschaft ironisch charakterisiert: «Das Münchner Nationaltheater beherbergte wieder einmal hochkarätiges, in edles Tuch gewandetes Publikum.»[91] Sogar ein Herrenschneider spielte mit dem Ausdruck, als er seine Vertragshändler als «gut betuchte Häuser» anpries.[92] Assoziationen erwecken auch Schlagzeilen wie «Miese Nachrichten für Muschelfreunde»[93] oder die jiddische Bezeichnung *Rattenverband* für ‹Sowjetunion›, die von *Rat* ‹Sowjet›, nicht vom deutschen Wort *Ratte* abzuleiten ist.[94] Nicht alle volksetymologischen Umdeutungen sind also ernstgemeint. Manchmal wird mit ihnen auch gespielt, wie dies am deutlichsten an der Antwort des aus Ostfriesland stammenden Komikers Otto Waalkes auf die Frage, wo er leben möchte, zu sehen ist: «Hauptsache am Wasser: am liebsten am Reibach oder im Überfluß».[95]

Die Wörter jiddischer Herkunft bilden in der heutigen deutschen Presse ein reiches stilistisches Potential, das sie geeignet erscheinen läßt, unterschiedlichste Nuancen auszudrücken. Das betrifft auch die Selbstdarstellung des Schreibers, der sich als informiert und zugehörig vorstellen kann. Politiker und Fußballtrainer bekennen sich durch das Wort *Maloche* zu harter Arbeit wie zur Interessenvertretung der Arbeiterschaft, Berufssportler und sog.

Kulturschaffende durch das Wort *Zoff* zu Streitkultur, Konfliktbereitschaft und Mediengesellschaft.[96] Jiddismen dienen auch dazu, einen Wissensvorsprung zu verdeutlichen (Biermanns *Eizes*), Aggression oder Distanzierung auszudrücken (wie mit *Tacheles* oder *mies*), einen Sachverhalt nur unscharf und vage zu benennen (wie Heller mit *Schlamassel*) und einer Sache oder einem Sprecher Lokalkolorit zu geben wie etwa in Wien mit *Chuzpe*.[97] Vor allem dienen die Jiddismen der prägnanten Zusammenfassung, wie dies aus den Einwort-Überschriften und auch aus den Buchtiteln hervorgeht, und der plastischen Ausgestaltung von Gegensätzen (z. B. «povere Naturschützer» und «betuchte Villenbesitzer»).[98] Daß ihr Gebrauch in erster Linie ein stilistisches Problem ist, hatte Thomas Mann schon 1905 erkannt.[99] Was damals in einer Novelle noch als Stilbruch erschien, mit dem eine ganze Geschichte in einer einzigen Formulierung noch einmal auf die Spitze gestellt werden konnte, gehört in der heutigen deutschen Presse zum neutralen stilistischen Repertoire.

Macke ‹Fehler› ist charakteristisch für die Produktkritik.[100] *Macken* werden bei Autos, Computern und Plattenspielern ausfindig gemacht, aber auch bei Menschen. Nahezu sprichwörtlich ist, daß Torwarte und Linksaußen im Fußball eine *Macke* haben.[101] Damit wird deren oft unverständliches Verhalten erklärt. *Macke* ist abwertend gemeint, nicht entschuldigend oder rücksichtsvoll. Ein Auto mit *Macken* kauft ein *Malocher* nicht, er ist ja nicht *meschugge*. Daß in diesem Wortschatzbereich nichts feststeht, konnte man schon 1987 in einer Eheannonce lesen, mit der ein kluger Kopf gesucht wurde. «‹Leicht› wird es ein Partner bei mir nicht haben», annoncierte eine unbekannte Dame. «Sicher habe ich meine ‹Macken›».[102] Der jüdisch-deutsche Dichter Karl Wolfskehl schrieb 1902 an Friedrich Gundolf: «München schläft, schmollt und schmust» und fügte hinzu: «Verzeihen Sie das Lehnwort aus der Mundart für welche der anglo-amerikanische Terminus ‹The yiddisch› geschaffen ist.»[103] Davon ist die heutige deutsche Presse weit entfernt. Sie hat sich dieses Wortschatzteils bemächtigt und nutzt ihn, wo immer es möglich ist.

Symbol des Judentums

Das zentrale Wort zur Bezeichnung des jiddischsprechenden Ost-judentums und seiner bedrohten Kultur scheint in den letzten Jahren *Schtetl* geworden zu sein. Noch zu Beginn der achtziger Jahre fand es sich in eher deutscher Orthographie als *Stetl*, daneben auch in englischer Transkription als *Shtetl*. Jetzt ist die Schreibung mit *Sch* im Anlaut offenbar verbindlich. *Schtetl* umschreibt ein Kölner Ausstellungskatalog aus dem Jahr 1993 als «Kleinstadt-Gemeinde in Ost-Europa, in der Juden die Mehrheit der Bevölkerung bildeten».[104] Aber *Schtetl* meint mehr, ist sozusagen Marke für eine Lebensform, eine Epoche und ein Gebiet. Jüdische Wohngebiete im Westen werden dagegen nicht mit *Schtetl* bezeichnet. Ihre Dokumentation über «Juden in Frankfurt am Main 1800–1950» nannten Rachel Heuberger und Helga Krohn 1988 «Hinaus aus dem Ghetto...».[105] Das Wohngebiet eingewanderter polnischer und russischer Juden in Berlin bezeichnete Elke Geisel 1981 mit dem eingeführten Ausdruck «Scheunenviertel».[106] Zur Bezeichnung des Quartiers der Wiener Juden in der Leopoldstadt 1918–1938 suchte Ruth Beckermann 1984 nach einem Ausdruck, der *Schtetl* vergleichbar wäre, und fand ihn im Wort *Mazzesinsel*,[107] das in Wien für den Stadtteil vom Donaukanal bis zum Prater gebräuchlich war.

Schtetl hat als Wort die gewünschte Griffigkeit, ist leicht verständlich und eindeutig identifizierbar. Es gleicht von der Bildung her dem Wort *Ländle*, das die Schwaben für ihre Heimat verwenden und das so zum Synonym für Fleiß und Heimattreue im deutschen Südwesten geworden ist, und dem Wort *Ländchen*, das gelegentlich für Luxemburg zu hören ist. Und weil es so plastisch und leicht verständlich ist, wird es nun überall verwendet. Die photographische Dokumentation des Ostjudentums von Roman Vishniac hieß 1969 in der Originalausgabe «A Vanished World», in der deutschen Ausgabe 1983 «Verschwundene Welt».[108] Ein Bericht, der dem Buch folgte, lautete «Gerettete Erinnerung. Das Schtetl».[109] Mit dem Plural hatte man im Deutschen von Anfang an Schwierigkeiten. Er lautete darum wie der Singular *Schtetl* (statt *Schtetlech*).[110]

Dergestalt in die Sprache eingeführt und nahezu volksläufig geworden, konnte das Wort nun überall verwendet werden. Jens

Richter-Holtmann versah 1988 seine kleinen Erzählungen «Die Juden von Libowicz» mit dem Untertitel «Geschichten aus dem Stetl».[111] Für die deutsche Ausgabe des bereits 1952 geschriebenen Buchs von Mark Zborowski und Elizabeth Herzog über das Ostjudentum mit dem Originaltitel «The Jewish Little-Town of Eastern Europe» wurde 1991 die Übersetzung «Das Schtetl. Die untergegangene Welt der osteuropäischen Juden» gewählt.[112] Auch die Ausstellung im Rautenstrauch-Joest-Museum für Völkerkunde in Köln im Jahre 1993, die erstmals einen Teil der Bestände des Staatlichen Ethnographischen Museums in Sankt Petersburg der Öffentlichkeit in Westeuropa vorstellen konnte, wurde mit dem plakativen Titel «Leben im russischen Schtetl»[113] präsentiert.

Ein Wort, das so in aller Munde ist, wird zwangsläufig auch in Fällen gebraucht, in denen es als weniger passend erscheint. Gert Mattenklott überschrieb seinen Aufsatz über «Jüdische Lebenswelten in der deutschen Literatur» 1991 «Jettchen Gebert und das Schtetl».[114] Deutlicher noch als bei diesem Beitrag wurde die Leitfunktion eines jiddischen Wortes, die auf Wiedererkennbarkeit und Plastizität des Ausdrucks setzt, im Beitrag von Ilan Avisar über Juden im amerikanischen Film, der «Die Mischpoche von Hollywood» überschrieben ist.[115]

Daß man jiddische Wörter wie Streusel über einen Text streuen kann, bewies Erwin Leiser mit einer Reportage über das Viertel Mea Shearim in Jerusalem.[116] «Große wesch» steht unter einem Bild, auf dem quer über die Straße gespannte Wäscheleinen zu sehen sind, «Wirdigkeit» unter Bildern, die zwei orthodoxe Juden im Gespräch zeigen, «Stille arbet» unter einem Bild lesender und lernender Frommer, «nachdenkliche schtilkeit» und «laute lebedigkeit» unter zwei Bildern aus der Schule. Hier werden jiddische Wörter aus dem deutschen Element der jiddischen Sprache unkommentiert in einem deutschen Text verwendet, als sprachliches Signal wie als Kolorit, aber auch als Beweis der Nähe einer im ganzen unbegreiflich fremden Kultur.

Die hier nun erkennbare Tendenz, das Jiddische mehr und mehr originalgetreu und auch unübersetzt in der deutschen Presse zu verwenden, läßt sich auch mit anderen Beispielen belegen. «Di Schprach vun Jidn ojf ale Kontinentn» überschrieb Knut Barrey 1986 seinen Bericht über das Jiddische in der Frankfurter Allgemeinen, die er «Eine wohl allmählich aussterbende Volkssprache» nannte.[117] «Rest von Mameloschn» titelte Der Spiegel 1986 bei seiner Reportage über das Fach Jiddistik an der Universität Trier.[118] Was einmal ein volltaugliches Kommunikationsmittel einer Minderheit in Deutschland war, die bedeutendste jüdische Volkssprache und die größte der kleineren germanischen Sprachen, lebt in der deutschen Öffentlichkeit in Zitaten und Lehnwörtern weiter. «Die Reste des Jüdischdeutschen», die Werner Weinberg in einem Wörterbuch gesammelt hat,[119] oder der *Rest von Mameloschn* sind ein sprachliches Erbe, mit dem sich allem Anschein nach das Mündel auf noch lange Zeit gut einrichten will.

10.

Mit Chuzpe und Gehabe
Ergebnisse

Nur noch selten werden heute mit Jiddismen in der deutschen Sprache jüdische Assoziationen aufgerufen. Meist fehlt jede Absicht, durch den Gebrauch eines jiddischen Lehnworts unterschwellig auf Juden oder das Judentum zu verweisen. Das war früher ganz anders, als die Jiddismen nicht ohne jüdische Konnotation verwendet werden konnten. Sie mußten daher manchmal ganz gezielt zur Diffamierung herhalten. Heute sind die jiddischen Wörter im Deutschen so weitgehend von ihrer jüdischen Konnotation befreit, daß sie auch dazu dienen können, Vorgänge zu beschreiben, die Chinesen statt Juden betreffen. Wenn Karl Wolfskehl 1929 von Elli Gundolf forderte, ihm keinen *Zores* zu machen,[1] dann bedeutete dies auch, daß er durch den Rückgriff auf das jiddische Wort der Aufforderung eine freundschaftlich-vertrauliche Note geben wollte. Daran, daß die Adressatin ihn verstehen würde, konnte Wolfskehl keinen Augenblick zweifeln. Wenn hingegen ein halbes Jahrhundert später in der Frankfurter Allgemeinen der Satz gedruckt wurde, «Wärt ihr doch nur geblieben, wo ihr wart, dann hättet ihr jetzt auch nicht diesen Zores»,[2] dann konnte sich die Redaktion nicht mehr sicher sein, allgemein verstanden zu werden. Nun ist gerade diese Zeitung nicht darauf aus, das sprachliche Niveau ihrer Beiträge dem Durchschnittsleser anzupassen, doch kann auch sie Wandlungen des Wortschatzes nicht völlig außer acht lassen.

Anders mag die Situation sein, wenn Wörter benutzt werden, die zwar aus dem Jiddischen stammen, aber vor allem durch das Rotwelsche ins Deutsche gekommen sind, und die hier noch ein Hauch des Gaunerischen umweht. Ob der Gebrauch von Wörtern wie *Zocker* oder *zocken* von Rotwelsch-Konnotationen unbelastet erfolgen kann, muß einstweilen dahingestellt bleiben. Immerhin könnten grobianische Attitüden in der deutschen Gesellschaft nahelegen, daß zu den anderen Zeichen auch die Sprache hinzukommt. Ob das aber in jedem Fall bewußt ist und wie weit die Kenntnis der Zusammenhänge reicht, bleibt fraglich. Es ist denkbar, daß hier nur Modetrends ausgelebt werden, ohne daß deren Herkunft oder Entstehung nachvollzogen werden kann. Daß die Jiddismen völlig unbeeinflußt in die heutige Jugendsprache gekommen sind, muß nachdrücklich bezweifelt werden. Denn der Bruch mit der jüdischen Tradition in Deutschland war nach dem Zweiten Weltkrieg so stark, daß die Fäden erst mühsam wieder geknüpft werden mußten. Denkbar ist, daß sprachliche Trendsetter ganz bewußt an frühere Vorbilder anknüpfen und mit der Pflege einer modischen Jugendsprache auch Insiderwissen und Entscheidungspotenz vortäuschen, die bei der Belieferung des Marktes, sei es mit Zeitschriften im Jugendjargon oder mit anderen Artikeln, vorteilhaft zu Buche schlagen.

Funktionen der Jiddismen in der Presse

In der heutigen Presse kommt den Jiddismen offenbar eine besondere Funktion zu. Sie dienen als Blickfang, zur Fokussierung und zur Erzeugung einer Klimax und geben den Journalisten den Anstrich intimer Kenntnis der Einzelheiten und Zusammenhänge.[3] Besonders auffällig sind sie in Schlagzeilen und Überschriften. Dort verstärken Jiddismen die Signale, die der Erregung von Aufmerksamkeit dienen.

Die Wirkung des Wortes *Zoff* wird in einigen Fällen durch die Textumgebung verstärkt, besonders dann, wenn die Wörter wie bei *Zoff auf Zypern* durch Alliteration aneinander gebunden sind. In einigen Fällen transportiert *Zoff* die Hauptinformation, etwa bei *Zoff im Kiesbett* oder *Zoff bei Krupp*. Doch bleibt der Inhalt in den Überschriften oft vage, was der beabsichtigten Wirkung, einen Leseanreiz zu schaffen, nur zuträglich sein kann. Dies verdeutlicht die Formulierung *Es gibt wieder mal «Zoff»* besonders nachhaltig. Wenn *Zoff* etwa durch *Streit* ersetzt würde, wäre die Formulierung als Überschrift eines Zeitungsartikels nicht mehr zu gebrauchen. Das bestätigt, daß der Wert dieser Überschrift einzig und allein vom Wort *Zoff* abhängt. Mit ihm wird zugleich an etwas

Bekanntes angeknüpft wie auch etwas Diffuses evoziert, wodurch der schwierige Ausgleich zwischen den beiden gegensätzlichen Anforderungen an die Formulierung einer Überschrift oder eines Titels herbeigeführt wird.

Überschriften stellen bekanntlich das erste Stück eines Textes dar. Ihr Reiz beruht vor allem darauf, daß sie einerseits dem Leser einen Anknüpfungspunkt in seinem Wissen (Thema) bieten, andererseits aber auch neue Information (Rhema) aufweisen und eine auf den nachfolgenden Text vorausdeutende Funktion besitzen müssen. In der Zeile *Der «Zoff» ist noch nicht ausgestorben* wird dies durch die Thema-Rhema-Struktur der Formulierung geleistet. Während durch das Wort *Zoff* etwas Bekanntes aufgerufen wird, erzeugt die Mitteilung *ist noch nicht ausgestorben* ein Spannungsmoment, das im Text aufgelöst werden kann. *Zoff* kann auch zu Verrätselungen verwendet werden, wie sie das Wortspiel *Zur Zeit viel Zoff um Dino Zoff* enthält. Auch den Kennern des italienischen Profifußballs wird eine nahezu sprichwörtliche Verbindung von *Zoff* und *Dino Zoff* nicht bekannt gewesen sein. Der Artikel löst dann nicht ein, was mit der Ähnlichkeit der Wörter suggeriert wurde, weil die Relation der Sprachzeichen *Zoff* und *Dino Zoff* nicht solchen wie *Diesel* und *Rudolf Diesel* entspricht.

Mit *Zoff* werden auch Beziehungen von Grund und Folge sowie von Ursache und Wirkung ausgedrückt. In der Überschrift *1:2 gegen Köln: «Zoff» auf dem «Betze»* werden der Grund – eine Heimniederlage der Fußballmannschaft des 1. FC Kaiserlautern – und die Folge – Aufregungen auf dem Spielfeld, ein Platzverweis und Erregung auf den Zuschauertribünen – in einen Kausalnexus gebracht. Bei *Brandstiftung: Zoff im Gunsthandwerk* kann hingegen erst der Text zeigen, ob Streit unter den Bossen im Milieu Ursache oder Wirkung des Geschehens ist. Mit *Zoff* werden auch Ähnlichkeiten ausgedrückt. Die Überschrift *Deutsche fuhren hinterher. Wieder Zoff um Girardelli* verbindet mit dem Mittel des Parallelismus zwei Teilthemen, die nicht in einem ursächlichen Zusammenhang stehen, während in den Formulierungen *Silber für Gross und Zoff um die Staffel* sowie *Viel Zoff in Mülheim – Mehring stürmte zurück an die Spitze* nach dem Muster *Des einen Freud, des anderen Leid* zwei Vorgänge antithetisch miteinander verknüpft sind.

In dieser Hinsicht ganz besonders eindringlich ist die Schlagzeile *Friedemann sorgt für noch mehr Zoff bei der Eintracht.* Sie ist dreigliedrig, *Zoff* steht im Mittelpunkt, umgeben von *Friedemann* und *Eintracht.* Beide Wörter, hier Namen für eine Person und einen Verein, assoziieren in ihren appellativischen Komponenten *Frieden* und *Friedfertigkeit,* also den jeweiligen Gegensatz von *Streit* und *Zwietracht.* Das macht sie für eine Formulierung besonders geeignet, die nicht nur von spannungsreichen Gegensätzen berichtet, sondern sie durch Wortwahl und Wortstellung in einer sprachlichen Konstellation auch unmittelbar abbildet.

Die Verwendung der Mitglieder der Wortfamilie *Zocker* in Überschriften gibt dem Bild noch einige zusätzliche Facetten. Mit der Ein-Wort-Überschrift *Abgezockt*[4] wird ein Überschriftentypus aufgenommen, der bei Jiddismen auch sonst gern verwendet wird. Mehrfach bildete die Frankfurter Allgemeine Überschriften nach diesem Muster. 1985 und 1990 verwendete sie dafür das jiddische Wort *Tacheles* aus der Wendung *Tacheles reden* ‹die Meinung sagen›,[5] 1987 und 1991 das jiddische Wort *Chuzpe,* das 1987 auch ausführlich erklärt wurde.[6] In Überschriften wie *Croupiers zockten ab,*[7] *Versicherungen zocken DDRler ab*[8] und *Häuslebauer abgezockt*[9] werden durch den satzinternen Kontext Bezüge hergestellt, die dem Vorwissen und den Vorurteilen der Leserschaft entsprechen. Dabei kann die Formulierung *Häuslebauer abgezockt* als Passivkonstruktion auf die Nennung des Täters verzichten, der bei dieser syntaktischen Struktur nur fakultativ und nicht obligatorisch in Erscheinung tritt. Das bestätigt die Ängste eines Teils der Bevölkerung, die in Banken und Versicherungen anonyme Institutionen sehen, denen der Einzelne hilflos ausgeliefert ist.

Hilfe versprechen der Enthüllungsjournalismus und die politischen Parteien. *Sparen, nicht abzocken!*[10] lautete darum eine Aufforderung in der Boulevardpresse, die Volkes Stimme zum Ausdruck bringt, und eine Partei versuchte, die Meinungsführerschaft in dieser Frage zu gewinnen: *Radarkontrolle: SPD warnt vor «Abzocken».*[11] Als Anachronismus wird *Zocker* in der Überschrift *Triers Römer: Umweltsünder oder Zocker?*[12] verwendet. Wenn auch die Grabungsfunde aus der Römerzeit, über die hier berichtet wird, Spielgeräte für die weströmische Hauptstadt nachweisen, so wird mit dem Wort *Zocker* doch so viel an heutiger Konnotation transportiert, daß die Aussage nur noch näherungsweise den wirklichen Sachverhalt trifft. Aber auch dies ist nicht einmalig.

1986 berichtete die Frankfurter Allgemeine über Heiratsbrauchtum in China und bezeichnete den Maklerlohn mit dem ostbairischen Ausdruck *Schmusgeld*.[13] Das aus dem Jiddischen stammende Wort beweist noch heute, daß Juden früher das Geschäft der Heiratsvermittlung ausgeübt haben. Damit hat das Wort *Schmusgeld* aber eine mindestens dreifache Konnotation: jüdisch, bairisch und bäuerlich. Bei der Verwendung des Wortes zur Bezeichnung des chinesischen Maklerlohns war aber nur die letzte passend, während die beiden anderen in nahezu grotesker Weise unpassend erscheinen mußten. Dem Autor des Artikels waren diese Konnotationen vielleicht schon nicht mehr bekannt.[14] Das wäre wiederum ein Beweis für den Sprachwandel, in dem sich die Jiddismen im Deutschen befinden.

Jiddismen vertreten meist eine Nuance, die durch andere Wörter eines Wortfelds nicht in gleicher Weise ausgedrückt werden kann. Daher wird ihr Verständnis dadurch gefördert, daß man sie im Zusammenhang aller ähnlichen Ausdrücke betrachtet. Manche Überschriften nutzen dies dazu, das betreffende Wort in einem lexikalischen Umfeld vorzustellen und so den Spannungsbogen aufzubauen, der im Artikel abgearbeitet werden kann. Bei der Aufzählung *Einarmige Banditen, Zocker und Kredithaie*[15] wurde wohl damit gespielt, daß nicht jeder Ausdruck jedem Leser in jeder Hinsicht verständlich ist, die einzelnen Hinweise sich aber gegenseitig so zu ergänzen vermögen, daß ein Rest an Unbekanntem bleibt, der Interesse weckt.

Die Überschriftenfolge *Abgezockt! Ärger im Urlaub. Chaos bei den Flügen. Nepp, Diebstahl, Betrug. 400000 Beschwerden bei Reiseveranstaltern,*[16] die aus Haupt- und Unterüberschriften besteht, führte in der Art eines Barocktitels unter dem Reizwort *Abgezockt!* das ganze Spektrum der Vorwürfe und Anklagen auf, das die Geschädigten vorgebracht hatten und von dem sich jeder Leser auch unmittelbar betroffen fühlen konnte. Hier war dem Wort *abgezockt* eine kollektivierende Funktion zugewiesen. Es wirkte als Zusammenfassung aller Einzelheiten und bestätigte wieder einmal die herausgehobene Stellung, die einigen Wörtern jiddischer Herkunft und ihren Abkömmlingen in der deutschen Sprache der Gegenwart zukommt.

Funktionen der Jiddismen in der Literatur

Bei der Betrachtung jiddischer Lehnwörter in der heutigen deutschen Literatur ist zu berücksichtigen, daß früher mit diesem Stilmittel beträchtliche Effekte erzielt worden sind.[17] Bis in die frühen dreißiger Jahre konnten die Autoren einzelne Wörter oder ganze Passagen in jiddischer Sprache gebrauchen, und zwar von der hohen Literatur der Tragödien und Romane bis hin zur leichten Muse des Kabaretts und der Parodie.[18] Nach 1945 schien das Jiddische als Stilmittel der deutschsprachigen Literatur zunächst verbraucht zu sein. Einzig als authentisches Zeichen für das Judentum blieb es weiter brauchbar. So verwendete es Max Frisch 1949 in seinem Stück «Als der Krieg zu Ende war»;[19] Eike Christian Hirsch zitierte es 1978 in seiner Glosse «Der Goi hats Massel».[20] Heute scheinen sich in der Literatur neue Verwendungsweisen zu ergeben, die weniger der Bewältigung der Vergangenheit in der Sprache als dem Schreibanlaß und Stilwillen der Verfasser verpflichtet sind.

Wenn Sarah Kirsch im Jahr 1991 den kurzen Prosatext «Zeitfresserin» mit dem Satz «Mein tapferes Herz schlägt wie eine Uhr und geht vorwärts und rückwärts kapores» enden läßt, dann faßt sie die Aussage in einem einzigen Wort – dem jiddischen *kapores* ‹kaputt› – zusammen.[21] Das führt hier nicht nur zur Bündelung einzelner Beobachtungen, sondern unterfüttert das Bekenntnis auch emotional in einem Rückbezug auf das Judentum. Die Vergewisserung in der Sprache, die von vielen Autoren im Exil als eigentliche und unverlierbare Heimat angesehen worden ist, dient Sarah Kirsch als Wirklichkeitsmetapher. Hinter der Oberfläche eines alltäglichen Lebens in Deutschland wird die jüdische Identität sichtbar, die unwiederbringlich verloren scheint.

Ludwig Harig hat an solche Bezugnahme sicher nicht gedacht, als er 1985 «Sieben Tiere» als «Kleines Bestiarium in alexandrinischen Sonetten» präsentierte.[22] Er wollte Beiträge zur Literatursatire liefern, wie schon früher Franz Blei mit seinem «Großen Bestiarium der Literatur».[23] Den «Grackel» zeichnete Harig als Aufschneider:

Er bläht, als Schwadroneur, mit Chuzpe und Gehabe
die blaugestählte Brust. Es bricht zu uns hernieder
Gekeife und Gekrächz, kein Flöten, keine Lieder:
er hat zur Prophetie die vorbestimmte Gabe.

So heißt es im ersten Quartett, in dem die Aufgeblasenheit des im
Kulturbetrieb hinlänglich bekannten großen Tieres auch durch
das jiddische *Chuzpe* charakterisiert wird.

Mit dem unpassenden Begleitwerk kultureller Großereignisse
rechnete Klaus Peter Dencker 1971 in einem Gedicht ab:

knarrende witwen
segelnde oldies
schaumgold hängt und hängt
livrélinge
roulette-zocker
stehende fräcke am lüster
baden-baden stellt dali aus[24]

Das Publikum der Vernissage einer Ausstellung des spanischen
Surrealisten Salvador Dalí in der badischen Kurstadt veranlaßte
den Autor zu einer bissigen Aufzählung. Man kann sich dieses
Personal, das auch von George Grosz gemalt sein könnte, gut vorstellen, die in die Jahre gekommenen, abgeliebten Schönheiten von
einst, die flotten Heiratsschwindler, die Spielbankbediensteten
und ihre Kundschaft, die hier *Roulette-Zocker* genannt wird. Dabei gibt Dencker den Spielern schon mit dem Wort *Zocker* jenes
Halbseidene, das zum Roulette gehört wie der Verlust zum Gewinn.

Das Spielerische der Jugendsprache geht bereits aus Erklärungen des Wortes *Zoff* hervor, die es in die Nähe der Lautmalerei
rücken.[25] Jiddismen werden aber nicht nur in solch essayistischer
Literatur, sondern auch in parodistischer Lyrik verwendet. Wolfgang Brenneisens «Max und Moritz» mit dem Untertitel «Die
Story von zwei irren Fuzzis, die ihren Mitmenschen tierisch auf
den Keks gingen, dann aber eine reingesemmelt bekamen und
schließlich die Hufe hochklappten» aus dem Jahr 1994 adaptiert
das bekannte Kinderbuch im radikalen Szenejargon:

Friedlich, happy und ganz cool,
saß er da auf seinem Stuhl.
Moritz fand das einfach schroff,
und mit Max sann er auf Zoff.[26]

Das Vergnügen resultiert hier daraus, daß ein bekannter Stoff in einer neuen Form vorgetragen wird.

Auch Jann Tegtmeyer ließ sich bei seinem Märchen «Zocker und Schnalle», das die Frankfurter Allgemeine 1990 auf ihrer Sonderseite «Zeitung in der Schule» veröffentlichte, von diesem Gedanken leiten. Im Stil eines Grimmschen Märchens erzählte er eine Geschichte aus der Computer-Welt als modernes Rumpelstilzchen. Wie Brenneisen bediente er sich dabei der Jugendsprache: «Das neue Ding hatte schon tierisch Kohle rangeschafft und versprach 'nen duften Gewinn, und so wollte sie es partout nicht rausrücken. […] Zu Hilfe aber kam ihr ein Mitbewerber, der meinte, er habe auf der letzten Messe einen High Techer von seinen Ideen rumsülzen hören: ‹‹Heute spiel' ich, morgen game ich, übermorgen zock ich mir des Oberfuzzis Floppy. Ach, wie gut, daß niemand weiß, daß mein Spielchen ‹Zocker› heißt.› Als der Bubi antrabte, fing sie zunächst harmlos an, doch kaum hatte er den irren Blick drauf, ging sie in die vollen: ‹Dein Spielchen heißt wohl ‹Zocker›.› Mann, war das ein Zoff, der da losging. Flüche flutschten wie die Wurst aus der Pelle. Der Macker ließ da 'nen richtigen Zampano-Tanz ab, bis er – puff – einfach abrauchte! Und wenn sie nicht pleite ist, dann jet-setted sie noch heute.»[27]

Wie die großen Vorbilder aus dem Journalismus nutzte der jugendliche Autor hier zwei verschiedene Möglichkeiten zur Textherstellung, den Rückgriff auf ein Wortfeld und die thematische Progression mittels Ausdrücken, die die semantische Nähe zusammenhält. Wichtiger als der Inhalt war ihm dabei wohl die Textgestalt, deren parodistische Struktur vor allem durch den Szenejargon der computer-begeisterten Jugend ausgefüllt wurde. Dabei fällt auf, daß neben Ausdrücken und Floskeln aus Disco und Schule wie *Chauvi* und *Fuzzi*, *rumsülzen* und *abrauchen* und Termini der Datenverarbeitung wie *Floppy* und *High Tech* mit *dufte, Zocker, Zoff* und *pleite* eine verhältnismäßig große Zahl von Jiddismen verwendet wird. Sie wirken hier, von ihrer früheren jüdischen Konnotation völlig abgelöst, nunmehr als Modewörter der Gegenwart. Mit derartigen Sprachattitüden hatten sich Jugendliche auch schon in früheren Zeiten umgeben und sich dabei sogar gelegentlich des Jiddischen bedient. Die Rotwelsch-Klänge in der historischen deutschen Studentensprache zeigen, daß auf ein bestimmtes Muster der Sprachgestaltung zurückgegriffen wird, wenn das Ungewöhnliche und Fremdartige mit dem Hauch des Geheimnisvollen umgeben werden soll.[28]

Anmerkungen

1. A Wort in Mameloschn

[1] Kluge [22]1989. [2] Littmann [2]1924, 26–59. [3] Denselben Ansatz verfolgt auch Kreuzer 2001. [4] Chrysander 1750. [5] Ebd., Bl. 12r. [6] Heine, Werke 7, 188–217. [7] Döblin 1926. [8] Mauthner 1969. [9] Althaus 2002. [10] Freigedank 1850, 103. Vgl. Eger 1985; Katz 1985; Fischer 2000. [11] Goethe 1986, 275. [12] Haarer [2]1939. [13] Ruppin [2]1911; Lestschinsky 1928; Bosse 1885; Freund 1912; Selma Stern 1962–1975; Adler-Rudel 1959; Maurer 1986. [14] Dahlberg 1931; Dessauer 1962. [15] Frank 1961, [2]1962; Weinberg 1969. [16] Frankf. Wb., 27; vgl. Heuberger/Krohn 1988. [17] Frankf. Wb., 59 [18] Ebd., 1982. [19] Geisel 1981; Die Mazzesinsel 1984. [20] Nachama 1994. [21] Althaus 1968. [22] Post 1992. [23] Althaus 1963/64. [24] Kluge [22]1989, 457. [25] Stammler 1954, 128f. [26] Kluge, Rotwelsch 1901; Wolf 1956. [27] Althaus 1965. [28] Ders. 1967. [29] Matras 1989; 1991. [30] Klepsch 2003. [31] Heidi Stern 2000. [32] Bebermeyer 1978. [33] Röll 1986. [34] Althaus 1993, 147–181. [35] Ders. 1998; 1999/2000. [36] Ders. 2000. [37] Ders. 2001a-c. [38] FAZ, 28. Jan. 1995, 28. [39] Ebd. [40] Avé-Lallemant 1858–1862. [41] Actenmäßige Designation 1735; Entdeckter Jüdischer Baldober 1737, [2]1758. Dem umfangreichen Werk bescheinigt Kluge, Rotwelsch, 206, es erhebe sich aus einer aktenmäßigen Darstellung «zu einer antisemitischen Tendenzschrift». [42] Klemperer 1995. [43] Ders. 1975. [44] Sternberger/Storz/Süskind 1957.

2. Biste meschugge

[1] Weiß 1986. [2] Schoeller 1964, 2341–2343; Wondrák 1968; Ernst Weiß 1982; Trapp 1986. [3] Weiß, in: Trapp 1986, 9f. [4] Weiß 1963. [5] Ders. 1986, 48f. [6] Ebd. [7] Frank 1961, [2]1962; Weinberg 1969, [2]1973; ders. 1994. [8] Kluge [6]1899, 267. [9] Ebd., 509. [10] Kluge [11]1934. [11] Ebd., VI. [12] Ebd., 735. [13] Kluge/Götze [15]1951, [16]1953. [14] Ebd., 921. [15] Ebd., 921 u. 928. [16] Kluge [17]1957, [18]1960, [19]1963, [20]1967. [17] Ebd., 478. [18] Ebd., 5. [19] Vorwort zur 17. Auflage, ebd. V. [20] Ebd., 475. [21] Duden. Etymologie 1963. [22] Ebd., 436. [23] Etym. Wb. 1989, 1094. [24] Ebd., 1094. [25] Kluge [22]1989, 474. [26] Ebd. [27] Paul [9]1992, 569. [28] Ders. [5]1966, [6]1968, 427. [29] Duden Wb. [2]5, 2246. [30] Ebd., aus dem Jahr 1976. [31] WddG 4, 2493. [32] Küpper, Umgangsspr. [4]1, 346f. [33] Ders., Lex. 5, 1895. [34] Duden Wb. 4, 1772; [2]5. [35] Ebd. 4; [2]6. [36] Paul [3]1921, 347. [37] Duden Wb. 4; [2]5; WddG. [38] Paul [3]1921, 347. [39] WddG. [40] Ebd. [41] Ebd. [42] Duden Wb. 4. [43]

WddG. [44] Duden Wb. 4. [45] Ebd. [46] Heyse 1980, 410f. [47] Bierbaum 1908, 200. [48] Ball 1957, 134. [49] Harkavy 1898, 208. [50] Tendlau 1860. [51] Ebd., Nr. 135. [52] Ebd., Nr. 424. [53] Ebd., Nr. 619. [54] Ebd., Nr. 846. [55] Bernstein ²1908; Neudr. 1969. [56] Ebd., Nr. 2391–96. [57] Ebd., Nr. 2397–2400. [58] Ebd., Nr. 2391. [59] Ebd., Nr. 2392. [60] Ebd., Nr. 2393. [61] Ebd., Nr. 2394. [62] Ebd., Nr. 2395. [63] Ebd., Nr. 2396. [64] Weinberg 1969, 82f. [65] Ebd., 82. [66] Ebd. 83. [67] Althaus 2000. [68] Kafka, 124. [69] Gedichte u. Scherze Nr. 21. [70] Ebd., 3. [71] Scholem 1989, 108. [72] Gedichte u. Scherze Nr. 18, 8. [73] Weinberg 1969, 83, führt die Form *meschugge-metoref* an. [74] Tucholsky, Werke 3, 217. [75] Ebd. 4, 155. [76] Ebd. 8, 238. [77] Ebd. [78] Ebd., 239. [79] Tucholsky 1983, 146. [80] Ebd., 368. [81] Gedichte u. Scherze Nr. 21, 3. [82] Kraus 1994, 266. [83] Ders., 1923, 63f. [84] Althaus 2001b, 167f. [85] Slezak 1966, 287. [86] Kraus 1925a, 19. [87] Wolfskehl/Gundolf 2, 82. [88] Kraus 1925b. [89] Ebd., 25. [90] Ebd., 27. [91] Bosse 1885; Lestschinsky 1928; Adler-Rudel 1959; Maurer 1986. [92] Geisel 1981; Die Mazzesinsel 1984. [93] Kisch 1973; Roth 1975, 291–369. [94] Die Mazzesinsel 1984, passim. [95] Polgar 1986, 347–349. [96] Luftmenschen 1992. [97] Torberg 1984, 86–88. [98] Salten 1984, 90. [99] Kraus 1912, 17–21, bes. 18 ff. [100] Luftmenschen 1992, 18f. [101] Torberg 1984, 86. [102] Polgar 1986, 348. [103] Torberg 1984, 86. [104] Paul ³1921, 597. [105] Ders., ⁵1966; ⁶1968, 739. [106] Ders., ⁹1992, 975f. [107] WddG 6, 4097. [108] Duden Wb. 6, 2767. [109] Dornseiff ⁷1970, 360–362, bes. 361. [110] Kafka, 306: «Der Jargon [‹die jiddische Sprache›] wird immerfort gesprochen; er kommt nicht zur Ruhe. Das Volk läßt ihn den Grammatikern nicht». [111] von Hornstein 1985, 86. [112] Ebd., 194 u. 196f. [113] Federspiel/Weiss 1990, 201f. [114] Neumann 1968, 79. [115] Ebd., 84. [116] Seligmann 1997, 12. [117] Ebd., 62. [118] Ebd., 328. [119] Koneffke 2000, 68. [120] Ebd., 122f. [121] Ebd., 116. [122] Stammler 1954, 128f. [123] Ostwald 1928. [124] Ebd., 195 u. 198. [125] Nikolaus 1924, 17.

3. Die Macken der Malocher

[1] TV, 5. Dez. 1994, 16. [2] Bild, 7. Jan. 1995, 9. [3] Sport-Bild, 25. Jan. 1995, 11. [4] FAZ, 23. Jan. 1995, 20. [5] Ebd., 21. Juni 1985. [6] TV, 21. Mai 1988, IV. [7] Ebd. [8] FAZ, 21. Juni 1985. [9] Ebd. [10] TV, 10. April 1992, 15. [11] FAZ, 14. März 1992, 26. [12] BamS, 22. Sept. 1991, 121. [13] FAZ, 1. Dez. 1990, 24. [14] TV, 16. April 1993, 15. [15] SZ, 14. Dez. 1992, 36. [16] FAZ, 4. Nov. 1991, 26. [17] Ebd., 3. Juni 1991. [18] WddG 4. [19] Kluge ²²1989, 457. [20] Paul ⁹1992, 552f. [21] Küpper, Umgangsspr. 2, 188. [22] Küpper, Lex. 5, 1837f. [23] Ebd. [24] Ebd. [25] Küpper, Umgangsspr. 2, 10. [26] Duden Wb. 4, 1725. [27] Ebd., ²5, 2185. [28] Brandenbg.-Berl. Wb. 3, 194. [29] Wolf 1956, Nr. 3522. [30] Petrikovits 1986, 58. [31] Kluge ²²1989. [32] Frank 1961, ²1962; Althaus 1963/64, 104–156; Matras 1989; 1991, 267–293. [33] Schwäb. Wb. 4, 1426. [34] Thüring. Wb. 4, 602. [35] Rhein. Wb. 5, 793. [36] Pfälz. Wb. 4, 1146f. [37] Frankf. Wb., 2000f. [38] Südhess. Wb. 4, 625. [39] Kluge

[22]1989. [40] Hess.-Nass. Volkswb. 2, 235. [41] Südhess. Wb. 4, 625. [42] Frankf. Wb., 2000. [43] Pfälz. Wb. 4, 1146. [44] Rhein. Wb. 5, 793. [45] FAZ, 14. März 1984, 14. [46] TV, 28. Juli 1986, 16. [47] FAZ, 14. März 1992, 26. [48] TV, 12. Sept. 1985, 20. [49] Ebd., 10. April 1985, 16. [50] Ebd., 13. Juli 1991, 16. [51] Ebd., 21. Mai 1988, IV. [52] Ebd., 4. Febr. 1985, 13. [53] Ebd., 24. Febr. 1993, 15. [54] FAZ, 11. Juli 1991, 24. [55] Ebd., 9. März 1987, 22. [56] TV, 30. Juli 1987, 17. [57] Weinberg 1969, 76. [58] Ebd., 104. [59] TV, 11. Sept. 1987, 15. [60] FAZ, 4. Dez. 1989, 28. [61] TV, 30. Aug. 1985, 12. [62] Ebd., 5. April 1988, 15. [63] FAZ, 7. Juni 1990, 32. [64] Althaus 1993, 153f. [65] FAZ, 17. Jan. 1985, 18. [66] TV, 21. Juli 1987, 15. FAZ, 7. Dez. 1989, 32. [67] TV, 8. Dez. 1986, 13. [68] FAZ, 16. April 1992, 32. [69] Ebd., 30. Juli 1987, R1. [70] TV, 13. Nov. 1989, 17. [71] Ebd., 20. Febr. 1986. [72] FAZ, 7. Dez. 1989, 34. [73] TV, 15. April 1991, 17. [74] Ebd., 22. Juni 1988, 18. [75] FAZ, 10. Jan. 1992, 23. [76] Ebd., 25. Sept. 1989, 24.

4. Mach mir kein Zores

[1] Küpper, Umgangsspr. 2, 271. [2] Ebd., [4]1, 98; Kluge [22]1989, 816. [3] Frankf. Wb., 3647. [4] Kehrein 1876, 766. [5] Crecelius 2, 936. [6] Autenrieth 1899, 156. [7] Weigand/Hirt 2, 1337. [8] DWb. 16, 90. [9] WddG 6, 4467. [10] Paul [9]1992, 1082. [11] Stern 51/1978, 136. Jetzt in: Hirsch 1982, 15f. [12] WddG 6, 4467. [13] Duden Wb. 6, 2949. [14] Paul [9]1992, 1082. [15] Duden Wb. 6, 2949. [16] Paul [9]1992, 1082. [17] Küpper, Umgangsspr. 1, 531. [18] Weinreich 1968, 438. [19] Tendlau 1860, Nr. 812. [20] Weinberg 1969, 110. [21] Bernstein [2]1908; Neudr. 1969, Nr. 3086–3100. [22] Ebd., Nr. 3086. [23] Ebd., Nr. 3089. [24] Ebd., Nr. 3096. [25] Ebd., Nr. 3097. [26] Ebd., Nr. 3100. [27] Kluge [22]1989, 816. [28] Littmann [2]1924, 51 u. 54. [29] Kluge [22]1989, 816. [30] Wolf 1956. [31] Ebd., Nr. 6387 u. 6388. [32] Pfister 1812; v. Grolman 1822. [33] Bischoff 1916. [34] Burnadz [2]1970, 122. [35] Weinberg 1969, 110. [36] Scholem 1989, 64. [37] Ebd., 494. [38] Wolfskehl/Gundolf 2, 301. [39] Mehring 1981, 305f. [40] Althaus 2000. [41] Ebd., 227ff. [42] Ders., 2001a. [43] Ders., 2001c. [44] Kraus 1925a, 19. [45] Slezak 1966, 53. [46] Ebd., 69. [47] Ebd., 73. [48] Ebd., 98. [49] Slezak 1922, 225. [50] Althaus 2001a, 23. [51] Slezak 1927, 66. [52] Ders., 1940, 236. [53] Ders., 1948, 193. [54] Terz 1982. [55] Luftmenschen 1992, 59ff. [56] FAZ, 1. Okt. 1985, 3.

5. Zocker und Abzocker

[1] Zocker ‹Spieler› buchen u. a.: Kapeller [3]1964, 224; Duden. Sinn- u. sach-verw. Wörter [2]1986, 789; Wossidlo-Teuchert 7, 1651. [2] Zocker ‹Glücks-spieler›: Küpper, Umgangsspr. 2; Kapeller [3]1964; Deutsches Wb., hrsg. von Kraemer, 1980; Duden Wb. 6; Sprachbrockhaus [9]1984; Paul [9]1992. [3] Zocker ‹Falschspieler›: Kapeller [3]1964; Mackensen, Deutsches Wb. 1977, 1198. [4] Zocker ‹Spaßmacher›: Mitzka 3, 1554. [5] Wolf 1956, Nr. 6297. [6]

Burnadz ²1970, 122. [7] Avé-Lallemant 1862, 441. [8] Weinberg 1969, 100.
[9] Paul ⁹1992, 1081. [10] Mackensen, Deutsches Wb. 1977, 1198. [11] Paul
⁹1992, 1081. [12] Ebd. [13] Krauss 1970, 1177. [14] MM, 5. Dez. 1987, 13.
TV, 3. Dez. 1988, V. [15] FNP, 12. Dez. 1992, 15. [16] Die Zeit, 19. Juni 1987,
11. [17] Ebd. [18] MM, 5. Dez. 1987, 13. [19] TV, 15. Nov. 1994, 16. [20] TV,
3. Dez. 1988, V. [21] Ebd. [22] MM, 5. Dez. 1987, 13. [23] Stern, 19. Nov.
1987, 284. [24] TV, 3. Dez. 1988, V. MM, 5. Dez. 1987, 13. [25] Junge Welt, 2.
März 1990, 3. [26] FAZ, 18. Mai 1991, 11. [27] TV, 26. Mai 1992. [28] Ebd.,
18. Juni 1994, 15. [29] FNP, 12. Dez. 1992, 15. [30] TV, 28. Juli 1989, 1. [31]
Bild, 7. Jan. 1995, 10. [32] TV, 20. Jan. 1995, 7. [33] Ebd., 15. Nov. 1994, 16.
[34] Ebd., 9. Jan. 1995, 14. [35] Ebd., 15. Nov. 1994, 16. [36] Stern, 12. Nov.
1987, 38. [37] TV, 7. Juli 1994, 18. [38] taz, 30. Nov. 1989, Sonderheft. [39]
FAZ, 18. Mai 1991, 11. [40] TV, 21. Juli 1994, 15. [41] Focus, 1. Aug. 1994,
Umschlag 1. [42] Ebd., 114. [43] Ebd., 115. [44] FAZ, 27. Juni 1994, 30. [45]
TV, 14. Dez. 1994, 15. [46] FAZ, 7. Mai 1993, 33. [47] Ebd., 33. [48] Gorys
1976, 432. [49] TV, 23. April 1993, 17. [50] FAZ, 23. März 1992, 28. [51] TV,
5. Dez. 1994, 16. [52] Duden Wb. ²1 führt das Wort noch nicht auf.[53] FAZ,
2. Aug. 1994, 24. [54] TV, 30. Juni 1994, 25. [55] FAZ, 16. Juni 1993, 6. [56]
Ebd., 16. Febr. 1994, 10. [57] Bild, 30. Jan. 1995, 2. [58] FAZ, 23. Jan. 1995, 20.
Sport-Bild, 25. Jan. 1995, 11. [59] SN, 1. Febr. 1995, 21.

6. Zoff um Zoff

[1] Wolf 1956, Nr. 5372. [2] Weinberg 1969, 103. [3] Zoff ‹Streit›: Mackensen,
Fremdwörter 1975; Duden. Sinn- u. sachverw. Wörter ²1986; Kluge ²²1989.
[4] Küpper, Alltagsspr. 1968; ders., Umgangsspr. ⁴1; Deutsches Wb., hrsg.
von Kraemer, 1980; Sprachbrockhaus ⁹1984; Paul ⁹1992; Peltzer/v. Normann
²²1992. [5] Küpper, Alltagsspr. 1968, 479. [6] Küpper, Umgangsspr. 2. [7]
Ebd. [8] Ebd. [9] Müller-Thurau 1984, 171. [10] Prosinger 1984, 77. [11] Paul
⁹1992, 1081. [12] Kerr 1982, 112. [13] Erben 1996, 1. [14] Frankf. Wb.,
3645. [15] Küpper, Umgangsspr. 2, 321. [16] Frankf. Wb., 3645. [17] GT, 30.
Aug. 1985. [18] Gunstgewerblerin weist Küpper, Umgangsspr. 2, 127, seit
1958 nach. [19] Die Zeit, 20. März 1987, 86. [20] Stern, 16. Dez. 1987, 16. [21]
TV, 25. Nov. 1994, 7. [22] MM, 7. Okt. 1987, 3. [23] Stern, 12. Nov. 1987, 20.
[24] MM, 14. Nov. 1986, 12. [25] Ebd., 12. Dez. 1986, 12. [26] Federspiel/
Weiss 1990, 84. [27] TV, 6. Juli 1994, 7. [28] FAZ, 4. Nov. 1987, 26. [29] TV,
27. Sept. 1988, 18. [30] Ebd., 5. Jan. 1994, 17. [31] Ebd., 24. Febr. 1994, 20.
[32] Ebd., 25. April 1994, 21. [33] Ebd., 18. Dez. 1989, 16. [34] Ebd., 28. Febr.
1994, 22. [35] Ebd., 24. März 1990, 15. [36] BamS, 22. Sept. 1991, 124. [37]
TV, 28. Okt. 1992, 19. [38] Paul ⁹1992, 676. [39] Chance, Nr. 2, Mai 1990, 27.
[40] FAZ, 21. Sept. 1994, 34. [41] TV, 9. Juni 1993, 16. [42] Ebd., 20. Juni
1994, 15. [43] FAZ, 30. Juni 1994, 26. [44] TV, 16. Febr. 1990, 25. [45] Ebd.,
16. Mai 1994, 15. [46] Beispiele für die Verbreitung des Ausdrucks: TV, 7. Jan.
2002, 17; 12. Febr. 2002, 16. [47] Ebd., 20. Mai 1993, 3. [48] Ebd., 11. Juni
1994, 2. [49] Ebd., 24. Okt. 1994, 9. [50] Ebd., 21. Juli 1994, 2. [51] Ebd., 11.

Juni 1994, 2. [52] Ebd., 24. Okt. 1994, 9. [53] Ebd., 21. Juli 1994, 2. [54] Ebd.,
6. Aug. 1986, 10. [55] Die Zeit, 22. Mai 1987, 60. [56] FAZ, 24. Okt. 1986, 25.
[57] TLZ, 28. März 1992, 6. [58] Junge Welt, 9. Okt. 1989, 15. [59] TV, 24.
Dez. 1990, 25. [60] Ebd., 22. Febr. 1995, 17. [61] Bild, 30. Juni 1994, 4. [62]
TV, 25. März 1991, 26. [63] Bild, 30. Juni 1994, 4. [64] Ebd., 6. Jan. 1995, 10.

7. Es zofft und kracht

[1] Duden. Synonymwb. 1964, 609. [2] Duden. Sinn- u. sachverw. Wörter
²1986, 640. [3] Peltzer/v. Normann ²²1992, 773. [4] Dornseiff ⁷1970. [5]
Prosinger 1984, 77. [6] Vgl. oben S. 76ff. [7] Frankf. Wb., 3645. [8] Vgl. Althaus 1993, 147–181. [9] Vgl. oben S. 64ff. [10] TV, 28. Juli 1989, 1. [11] FNP,
12. Dez. 1992, 15. [12] Die Zeit, 19. Juni 1987, 11. [13] Stern, 19. Nov. 1987,
284. [14] TV, 3. Dez. 1988, V. [15] Ebd., 23. April 1993, 17. [16] Ebd., 9. Jan.
1995, 14. [17] Ebd., 23. April 1993, 17. [18] Ebd., 6. Aug. 1986, 10. [19] Ebd.,
25. März 1991, 26. [20] Ebd., 25. Nov. 1994, 7. [21] Bild, 3. Jan. 1995, 8. [22]
Ebd., 6. Jan. 1995, 10. [23] Ebd., 30. Juni 1994, 4; FAZ, 23. Febr. 1995, 5. [24]
TV, 6. Juli 1994, 7. [25] Ebd., 6. Aug. 1986, 10. [26] Stern, 12. Nov. 1987, 20.
[27] Ebd., 16. Dez. 1987, 16 [28] MM, 14. Nov. 1986, 12. [29] Die Zeit, 22.
Mai 1987, 60. [30] FAZ, 30. Juni 1994, 26. [31] Junge Welt, 9. Okt. 1989, 15.
[32] Chance, Nr. 2, Mai 1990, 27. [33] TV, 20. Mai 1993, 3. [34] FAZ, 23. Febr.
1995, 5. [35] Bild, 30. Juni 1994, 4. [36] FAZ, 21. Sept. 1994, 34. [37] TV, 16.
Mai 1994, 15. [38] FAZ, 4. Nov. 1987, 26. [39] TV, 21. Juli 1994, 2. [40] Ebd.,
24. Okt. 1994, 9. [41] Ebd., 11. Juni 1994, 2. [42] Die Zeit, 20. März 1987, 86.
[43] TV, 16. Febr. 1990, 25: *Zur Zeit viel Zoff um Dino Zoff* und *Viel Zoff um
Dino Zoff.* [44] FAZ, 24. Okt. 1986, 25. [45] TV, 25. April 1994, 21. [46] GT,
30. Aug. 1985. [47] TV, 18. Dez. 1989, 16. [48] Ebd., 21. Juli 1994, 2. [49]
Ebd., 24. Dez. 1990, 25. [40] Ebd., 21. Mai 1988, IV. [51] FAZ, 9. Nov. 1991,
26. [52] TV, 3. Dez. 1988, V. [53] Bild, 30. Jan. 1995, 2. [54] FAZ, 27. Juni
1994, 30. [55] TV, 27. Sept. 1988, 18; 24. Febr. 1994, 20; 28. Febr. 1994, 22. [56]
Ebd., 26. Mai 1992. [57] Ebd., 18. Juni 1994, 15. [58] Focus, 20. März 1995,
212–214. [59] TV, 27. Sept. 1988, 18. [60] Ebd., 5. Jan. 1994, 17. [61] Ebd., 24.
Febr. 1994, 20. [62] FAZ, 4. Nov. 1987, 26. [63] TV, 25. April 1994, 21. [64]
Ebd., 23. April 1993, 17. [65] FAZ, 8. April 1995, 25. [66] Ebd., 2. Aug. 1994,
24; TV, 5. Dez. 1994, 16; FAZ, 27. März 1995, 30. [67] Ebd., 23. März 1992,
28. [68] TV, 30. Juni 1994, 25. [69] Ebd., 16. Jan. 1995, 14; FAZ, 23. Jan. 1995,
20; Sport-Bild, 25. Jan. 1995, 11; Kicker-Sportmagazin, 23. März 1995, 5. [70]
SN, 1. Febr. 1995, 21. [71] FAZ, 16. Juni 1993, 6; 16. Febr. 1994, 10; SN, 25.
März 1995, 31. [72] taz, 30. Nov. 1989, Sonderheft. [73] TV, 21. Juli 1994, 15;
Focus, 1. Aug. 1994, Umschlag; ebd. 114f. [74] TV, 14. Dez. 1994, 15. [75]
FAZ, 18. Mai 1991, 11. [76] Ebd., 21. März 1995, 40. [77] Ebd., 27. Juni 1994,
30. [78] TV, 7. Juli 1994, 18. [79] Bild, 30. Jan. 1995, 2. [80] TV, 4. März 1995,
4. [81] Bild, 30. Jan. 1995, 2. [82] TV, 4. März 1995, 4. [83] Ebd., 24. März
1995, 2. [84] Ebd., 15. Nov. 1994, 16; 9. Jan. 1995, 14. [85] MM, 12. Dez. 1986,
12; Die Zeit, 19. Juni 1987, 11. [86] MM, 14. Nov. 1986, 12; TV, 3 Dez. 1988,

V; Focus, 20. März 1995, 212–214. [87] Junge Welt, 2. März 1990, 3. [88] FNP, 12. Dez. 1992, 15. [89] FAZ, 18. Mai 1991, 11; TV, 6. Juli 1994, 7. [90] MM, 14. Nov. 1986, 12; Focus, 20. März 1995, 212–214. [91] Stern, 12. Nov. 1987, 38 u. 292; SZ, 7. März 1995, 11. [92] GT, 30. Aug. 1985. [93] Die Zeit, 20. März 1987, 86; Stern, 16. Dez. 1987, 16; TV, 25. Nov. 1994, 7. [94] MM, 12. Dez. 1986, 12. [95] Stern, 12. Nov. 1987, 20. [96] TV, 6. Juli 1994, 7. [97] MM, 7. Okt. 1987, 3; Chance, Nr. 2, Mai 1990, 27. [98] MM, 14. Nov. 1986, 12. [99] Ebd., 12. Dez. 1986, 12. [100] TV, 6. Aug. 1986, 10; 11. Juni 1994, 2; 21. Juli 1994, 2. [101] Die Zeit, 22. Mai 1987, 60. [102] FAZ, 24. Okt. 1986, 25; Die Zeit, 7. Nov. 1986, 62; TLZ, 28. März 1992, 6. [103] Junge Welt, 9. Okt. 1989, 15; TV, 25. März 1991, 26. [104] Bild, 3. Jan. 1995, 8. [105] Ebd., 6. Jan. 1995, 10. [106] TV 24. Dez. 1990, 25. [107] Ebd., 22. Febr. 1995, 17. [108] Ebd., 20. Mai 1993, 3; FAZ, 19. Jan. 1995, 5; 23. Febr. 1995, 5. [109] Bild, 3. Jan. 1995, 8. [110] TV, 24. Dez. 1990, 25. [111] Bild, 30. Juni 1994, 4; 6. Jan. 1995, 10. [112] TV, 5. Mai 1994, 4. [113] Ebd., 24. Okt. 1994, 9. [114] Ebd., 7. 1. 2002, 17; 12. Febr. 2002, 16.

8. Zârôth oder Zôross

[1] Althaus 1993. [2] Selma Stern 2/2, 211, 287 u. 516. [3] z. B.: Die geheime Geschäftssprache der Israeliten [2]1867, [4]1880, [5]1883. Weitere Auflagen mit teilweise geändertem und ergänztem Titel bis 1920; vgl. Windolph 1981. [4] Prosinger 1984, 77. [5] Ebd. [6] Kluge [22]1989, 815. [7] Harkavy 1898, 218; [4]1928, 335; Weinreich 1968, 522. [8] Althaus 1963/64, 104–156, hier 154. [9] Weinberg 1969, 103. Zof hat auch schon Friedrich 1784, 85 u.ö. [10] Thiele 1840. [11] Bischoff 1916. [12] Polzer 1922. [13] Wolf 1956, Nr. 5372. [14] Küpper, Umgangsspr. 2, 321. [15] Küpper, Alltagsspr. 1968, 479. [16] Kluge [22]1989, 815; Paul [9]1992, 1081. [17] Weinberg 1969, 103; Erben 1996, 1. [18] Mehring 1981, 339–341. [19] Neumann 1932. [20] Mehring 1981, 340f. [21] Geisel 1981. [22] Tucholsky, Werke 2, 446–449, bes. 448. [23] Paul [9]1992, 1081. [24] DWb. 16, 20. [25] Ebd. [26] Wolf 1956, Nr. 6297. [27] Mitzka 3, 1554. [28] Krauss 1970, 1177; Peinemann 1986. [29] Weinberg 1969, 100. [30] Wolfskehl/Gundolf 2, 301. [31] Kehrein 1876, 766; Crecelius 2, 936. [32] Weinberg 1969, 110. [33] Bernstein [2]1908. [34] Kehrein 1876, 766. [35] Crecelius 2, 936. [36] Conrath 1977, 279. [37] Neues deutsches Wb. 1953, 829; Mackensen, Fremdwörter 1975, 459; ders., Deutsches Wb. 1977, 1198.

9. Rest von Mameloschn

[1] Gedichte u. Scherze Nr. 1; 10; 20. [2] Jossel 1907; Mack o.J. [3] Ostwald 1928. [4] Colpet/Lotz 1986. [5] Singer 1988; 1996. [6] Heller 1993. [7] von der Grün 1982. [8] Maloche 1985. [9] Das Revier [2]1988. [10] Heid 1995. [11] Mehlhorn 1993. [12] Manfred Mai 1991. [13] Kleinschmidt [2]1994. [14] Zehn statt tausend Jahre 1988, 305. [15] Reed 1994. [16] Sprachbrockhaus 1935,

409. [17] Biermann 1992. [18] Weinreich 1968, 507. [19] Wolf 1956, 90. [20] Biermann 1992; FAZ, 13. Febr. 1993, Beilage. [21] Ebd. [22] Northey 1988. [23] Ebd., 7. [24] Ders., 1991. [25] FAZ, 2. Okt. 1986, 26. [26] Landmann 1964. [27] Nebbich, meint der Katz 1973. [28] In einer Annonce des Verlags Hoffmann und Campe anläßlich des Erscheinens von Ben Witters «Minutenpoesie» hieß es: «Ben Witter, Meister der kleinen literarischen Form, hat die Nebbichs erfunden, jene Zweizeiler, die so viel sagen, indem sie so viel offenlassen, diese ‹Löcher im Lachen›, die auch seine hier zum ersten Mal veröffentlichten Gedichte zu Nebbich-Verwandten machen» (FAZ, 16. April 1988). Nebbichs wurden in der Wochenzeitung «Die Zeit» veröffentlicht, z.B. am 12. Okt. 1990, 96. Vgl. Witter 1979. [29] Die Pleite (1919–24), Neudr. 1986. [30] Ebd., Nr. 1 (1919), 2. [31] Kluge [22]1989, 636; Weinreich 1968, 407. [32] FAZ, 14. April 1986, 5. [33] Ebd. 16. Jan. 1988, 1f. [34] Ebd., 30. Sept. 1989, 3. [35] TV, 23. Mai 1985, 15. [36] Ebd., 2. Mai 1992, 10. [37] Ebd. [38] Heller 1993, Klappentext. [39] Ebd. [40] FR, 9. März 1993, 3. [41] FAZ, 15. Okt. 1974, 2. [42] TV, 8. Sept. 1990, 5. [43] FAZ, 18. Mai 1991, Beilage. [44] Ebd., 7. Mai 1993, 3. [45] Ebd., 2. Sept. 1985, 25. [46] Kluge [22]1989, 122. [47] FAZ, 19. Dez. 1987, 21. [48] Ebd., 8. März 1991, 12. [49] Ebd., 19. Dez. 1987, 21. [50] Kluge [22]1989, 645. [51] AN, 5. Mai 1985, 5. [52] Martin 1959–1964, 85–152, bes. 105f. [53] Ebd., 138. [54] FAZ, 25. Sept. 1989, 24. [55] Ebd., 9. Mai 1988, 4. [56] Ebd., 30. Mai 1990, 6. [57] Ebd., 8. Nov. 1988, 29. [58] Ebd., 27. Febr. 1989, 4. [59] Ebd., 1. Okt. 1988, 13. [60] Ebd., 17. Jan. 1989, 12. [61] TV, 28. Nov. 1992, 2. [62] Brepohl 1957, 150. [63] SN, 1. Febr. 1993, 3. [64] FAZ, 5. Dez. 1987, 27. [65] Ebd., 7. Juli 1990, 30. [66] Ebd., 30. Juli 1987, R 1. [67] Das Orchester. Jg. 34. 1986, 1202. [68] FAZ, 7. Febr. 1992, 12. [69] TV, 24. Okt. 1987, 1; 31. Dez. 1991, 16. [70] FAZ, 14. März 1984, 15. [71] TV, 28. März 1992, 20. [72] Auto Bild, 19. März 1990, 6; Bild, 11. April 1991, 5; FAZ, 16. April 1992, 32; TV, 19. Mai 1992, 6; FR, 29. Jan. 1993, 15. [73] FAZ, 17. Jan. 1985, 18. [74] TV, 21. Juli 1987, 15. FAZ, 7. Dez. 1989, 32. TV, 25. März 1993, 1. [75] Ebd., 9. Juli 1990, 10. [76] Ebd., 10. Sept. 1987, 4. [77] Ebd., 5. Febr. 1991, 11. [78] Ebd., 19. Aug. 1991, 3. [79] Ebd., 10. Okt. 1989, 13. [80] FAZ, 29. Mai 1990, 11; 8. April 1992, 33. [81] TV, 4. Juli 1987, V. [82] FAZ, 9. Mai 1987, 29. [83] TV, 13. Juli 1991, 16. [84] Ebd., 16. März 1992, 19. [85] Ebd., 16. Febr. 1990, 25. [86] Ebd., 28. Juli 1986, 16. [87] FAZ, 22. Febr. 1988, 13; TV, 20. Nov. 1990, 5. [88] Die Welt, 26. Febr. 1985. [89] FAZ, 6. Jan. 1990, 37. [90] Mosler/Erné/Mathy 1993, 148. [91] TV, 29. Juni 1987, 12. [92] Einladung zu einer außergewöhnlichen Maßnahme. Weißenburg i. Bay. o.J. (1993), 6. Vgl. Althaus 1993, 160. [93] TV, 19. Aug. 1991, 3. [94] FAZ, 16. Dez. 1986, 3. [95] Ebd., Magazin, 15. Okt. 1993, 38. [96] Beispiele: GT, 30. Aug. 1985; TV, 6. Aug. 1986, 10; FAZ, 4. Nov. 1987, 26; TV, 27. Sept. 1988, 18; ebd., 18. Dez. 1989, 16; ebd., 24. März 1990, 15; ebd., 24. Dez. 1990, 25; BamS, 22. Sept. 1991, 124; TLZ, 28. März 1992, 6; TV, 20. Mai 1993, 3. [97] FAZ, 14. Aug. 1991, 10. [98] Ebd., 20. Juni 1992, 28. [99] Vgl. oben S. 7. [100] Beispiele: Der Spiegel, 8/1985, 100; FAZ, 12. März 1988, 33; 13. Nov. 1989, 4; 29. Okt. 1990, 33; 18. Juni 1991, T 3; 1. Okt. 1991, T 10; 28. April 1992, T 3; Auto Bild, 19. März 1990, 74; TV, 8. Mai 1991, 25.

[101] FAZ, 9. März 1987, 22; TV, 30. Juli 1987, 17. [102] Ebd., 18. Juli 1987, 25. [103] Vgl. oben S. 55. [104] Leben im russischen Schtetl 1993, 124. [105] Heuberger/Krohn 1988. [106] Geisel 1981. [107] Die Mazzesinsel 1984, 9. [108] Vishniac 1983. [109] FAZ, Magazin, 14. Okt. 1983, 25–34. [110] Weinreich 1968, 391. [111] Richter-Holtmann 1988. [112] Zborowski/Herzog 1991. Auch der Carl Hanser Verlag, München, nutzt jiddische Wörter bei Buchtiteln als Blickfang. Isaak Bashevis Singers «Stories for Children» erschienen in deutscher Übersetzung unter dem Titel «Massel & Schlamassel und andere Kindergeschichten» (München 1988). [113] Leben im russischen Schtetl 1993. [114] Mattenklott 1991, 221–238. [115] Avisar 1991, 203–220. [116] FAZ, Magazin, 29. Nov. 1985, 26–39. [117] FAZ, 3. Jan. 1986, 7. [118] Der Spiegel, 6. Okt. 1986, 98–101. [119] Weinberg 1969.

10. Mit Chuzpe und Gehabe

[1] Wolfkehl/Gundolf 2, 301. [2] FAZ, 1. Okt. 1985, 3. [3] Althaus 1993, 147–181. [4] FAZ, 18. Mai 1991, 11. [5] Ebd., 2. Sept. 1985, 25; 14. Juli 1990, 23. [5] Ebd., 19. Dez. 1987, 21; 8. März 1991, 12. [7] TV, 7. Juli 1994, 18. [8] taz, 30. Nov. 1989, Sonderheft. [9] TV, 14. Dez. 1994, 15. [10] Bild, 30. Jan. 1995, 2. [11] TV, 4. März 1995, 4. [12] Ebd., 20. Jan. 1995, 7. [13] FAZ, 14. Juli 1986, 7. [14] Althaus 1993, 158. [15] TV, 15. Nov. 1994, 16. [16] Focus, 1. Aug. 1994, Umschlag 1. [17] Althaus 1993. [18] Ebd. [19] Frisch 1962, 247–299. [20] Stern 51/1978, 136. Jetzt in: Hirsch 1982, 15f. [21] Wasserzeichen. In: FAZ, 4. Mai 1991. [22] Harig 1985. [23] Blei 1920/1924. [24] Dencker 1994, 50. [25] Prosinger 1984. [26] Brenneisen 1994, 30. [27] FAZ, 22. Dez. 1990, 29. [28] Kluge, Studentenspr. 1895, 59–63.

Abbildungsnachweis

Seite 43: Bild am Sonntag, 22. Sept. 1991, S. 121. *Seite 44:* Trierischer Volksfreund, 10. April 1992, S. 15. *Seite 53:* Trierischer Volksfreund, 11. Sept. 1987, S. 15. *Seite 63:* Frankfurter Allgemeine, 1. Okt. 1985, S. 3. *Seite 74:* Bild, 30. Jan. 1995, S. 2. *Seite 78:* Göttinger Tageblatt, 30. Aug. 1985. *Seite 79:* Trierischer Volksfreund, 25. Nov. 1994, S. 7. *Seite 81:* Trierischer Volksfreund, 27. Sept. 1988, S. 18. *Seite 85:* Trierischer Volksfreund, 16. Febr. 1990, S. 25. *Seite 94:* Trierischer Volksfreund, 24. Okt. 1994, S. 9.

Literatur

Actenmäßige Designation Derer von einer Diebischen Juden-Bande ver-
übten Kirchen-Raubereyen und gewaltsamen mörderischen Einbrüche.
Coburg 1735.

Adler-Rudel, S.: Ostjuden in Deutschland 1880–1940. Tübingen 1959.
(Schriftenreihe wissenschaftlicher Abhandlungen des Leo Baeck In-
stitute of Jews from Germany. 1).

Althaus, Hans Peter: Jüdisch-hessische Sprachbeziehungen. In: Zeitschrift
für Mundartforschung 30 (1963/64), S. 104–156.

– Wortgeographische und sprachsoziologische Studien zum jiddischen
Lehnwortschatz im Deutschen am Beispiel *Kazzow* ‹Fleischer›. In: Zeitschrift für deutsche Sprache 21 (1965), S. 20–41.

– Lehnwortgeographie und Entlehnungsvorgang. In: Zeitschrift für Mundartforschung 34 (1967), S. 226–239.

– Die Erforschung der jiddischen Sprache. In: Germanische Dialektologie.
Festschrift für Walther Mitzka. Hrsg. von Ludwig Erich Schmitt. Bd 1.
Wiesbaden 1968, S. 224–263.

– Ansichten vom Jiddischen in Literatur und Presse. Trier 1993. (Trierer
Germanistische Hefte. 2).

– *Melech / Mélac.* In: Jiddistik-Mitteilungen 20 (1998), S. 1–22.

– *nebbich.* In: Jiddistik-Mitteilungen 22 (1999), S. 5–16; 23 (2000), S. 10–25.

– Relikte des Jüdischen in der Sprache deutscher Juden. In: Wortschatz und
Orthographie in Geschichte und Gegenwart. Festschrift für Horst Hai-
der Munske. Hrsg. von Mechtild Habermann, Peter O. Müller und Bernd
Naumann. Tübingen 2000, S. 225–249.

– Künstler-Jargon. In: Sprache und Text in Theorie und Empirie. Beiträge
zur germanistischen Sprachwissenschaft. Festschrift für Wolfgang
Brandt. Hrsg. von Claudia Mauelshagen und Jan Seifert. Stuttgart 2001
(ZDL. Beihefte), S. 11–27. [a]

– «Schleeschaak». Ein Tenor im Visier von Karl Kraus. In: Sprache im Leben der Zeit. Beiträge zur Theorie, Analyse und Kritik der deutschen
Sprache in Vergangenheit und Gegenwart. Helmut Henne zum 65. Geburtstag. Hrsg. von Armin Burkhardt und Dieter Cherubim. Tübingen
2001, S. 147–173. [b]

– Sprachstudien eines Humoristen. In: Deutsche Sprache in Europa. Geschichte und Gegenwart. Festschrift für Ilpo Tapani Piirainen zum
60. Geburtstag. Hrsg. von Jörg Meier und Arne Ziegler. Wien 2001,
S. 317–334. [c]

– Mauscheln. Ein Wort als Waffe. Berlin, New York 2002.

AN = Abendpost/Nachtausgabe. Frankfurt a. M.

Autenrieth, Georg: Pfälzisches Idiotikon. Ein Versuch. Zweibrücken 1899.

Auto-Bild. Hamburg.

Avé-Lallemant, Friedrich Christian Benedict: Das Deutsche Gaunerthum in seiner social-politischen, literarischen und linguistischen Ausbildung zu seinem heutigen Bestande. 4 Tle. Leipzig 1858–1862. Neudruck Hildesheim, New York 1980.

Avisar, Ilan: Die Mischpoche von Hollywood. Juden vor und hinter der Kamera. In: Jüdische Lebenswelten. Essays. Hrsg. von Andreas Nachama, Julius H. Schoeps, Edward van Voolen. Frankfurt a. M. 1991, S. 203–220.

Ball, Hugo: Briefe 1911–1927. Einsiedel, Zürich, Köln 1957.

Bams = Bild am Sonntag, Hamburg.

Bebermeyer, Renate: Jiddisches in der deutschen Sprache. In: Sprachspiegel 34. 1978, S. 99–104.

Bernstein = Jüdische Sprichwörter und Redensarten. Gesammelt und erklärt von Ignaz Bernstein unter Mitwirkung von B. W. Segel. 2., verm. u. verb. Aufl. mit gegenüberstehender Transkription, Index und Glossar Warschau 1908. – Neudruck Hildesheim 1969.

Bierbaum, Otto Julius: Prinz Kuckuck. Leben, Taten, Meinungen und Höllenfahrt eines Wollüstlings. Bd 3. München u. Leipzig 1908.

Biermann, Wolf: Der Sturz des Dädalus oder Eizes für die Eingeborenen der Fidschi-Inseln über den IM Judas Ischariot und den Kuddelmuddel in Deutschland seit dem Golfkrieg. Köln 1992.

Bild. Hamburg.

Bischoff, Erich: Wörterbuch der wichtigsten Geheim- und Berufssprachen. Leipzig 1916.

Blei, Franz: Bestiarium Literaticum. München 1920. Später u. d. Titel: Das große Bestiarium der Literatur. Berlin 1924.

Bosse, Friedrich: Die Verbreitung der Juden im Deutschen Reich. Berlin 1885.

Brandenburg-Berlinisches Wörterbuch. 4 Bde. Berlin 1976–2001.

Brenneisen, Wolfgang: Max und Moritz. Die Story von zwei irren Fuzzis, die ihren Mitmenschen tierisch auf den Keks gingen, dann aber eine reingesemmelt bekamen und schließlich die Hufe hochklappten. München 1994.

Brepohl, Wilhelm: Industrievolk im Wandel von der agraren zur industriellen Daseinsform, dargestellt am Ruhrgebiet. Tübingen 1957.

Burnadz, J. M.: Die Gaunersprache der Wiener Galerie. 2., erw. Aufl. Lübeck 1970.

Chance. Das Junge Magazin in der DDR.

Chrysander, Wilhelm Christian Just: Unterricht vom Nutzen des Juden-Teutschen, der besonders studiosos theologiae anreitzen kan, sich dasselbe bekant zu machen. Wolfenbüttel 1750.

Colpet, Max; Lotz, Wolfgang: Wie meschugge kann man sein? Jüdische Witze und Anekdoten für Kenner und Genießer. München 1986.

Conrath, Karl: Die Volkssprache der unteren Saar und der Obermosel – ein moselfränkisches Wörterbuch. Gießen 1977. (Beiträge zur deutschen Philologie. 41).

Crecelius, Wilhelm: Oberhessisches Wörterbuch. Auf Grund der Vorarbeiten Weigands, Diefenbachs und Hainebachs sowie eigner Materialien bearbeitet. 2 Bde. Darmstadt 1897–1899.

Dahlberg, Julius: Volkskunde der Hessen-Kasseler Juden. In: Geschichte der Jüdischen Gemeinde Kassel unter Berücksichtigung der Hessen-Kasseler Gesamtjudenheit. Bd. 1. Kassel 1931, S. 109–168.

Dencker, Klaus Peter: Bilder. Texte seit 1964. Trier 1994.

Dessauer, Max: Aus unbeschwerter Zeit. Geschichten um die Juden in meinem Dorf. Frankfurt a. M. 1962.

Deutsches Wörterbuch. Mit Silbentrennung und Phonetik. Hrsg. von Rolf Kraemer. Wiesbaden 1980.

Döblin, Alfred: Reise in Polen. Olten u. Freiburg i. Br. 1968.

Dornseiff, Franz: Der deutsche Wortschatz nach Sachgruppen. 7., unveränd. Aufl. Berlin 1970.

Duden. Etymologie. Herkunftswörterbuch der deutschen Sprache. Bearb. von Günther Drosdowski, Paul Grebe [...]. Mannheim, Wien, Zürich 1963. (Der große Duden. 7).

– Vergleichendes Synonymwörterbuch. Sinnverwandte Wörter und Wendungen. Bearb. von Paul Grebe, Wolfgang Müller [...]. Mannheim, Wien, Zürich 1964. (Der große Duden. 8).

– Sinn- und sachverwandte Wörter. Wörterbuch der treffenden Ausdrücke. 2., neu bearb., erw. u. aktualisierte Aufl. Hrsg. u. bearb. von Wolfgang Müller. Mannheim, Wien, Zürich 1986. (Der große Duden. 8).

Duden Wb. = Das große Wörterbuch der deutschen Sprache. Hrsg. u. bearb. [...] unter Leitung von Günther Drosdowski. 6 Bde. Mannheim, Wien, Zürich 1976–1981.

– Das große Wörterbuch der deutschen Sprache. 2., völlig neu bearb. u. stark erw. Aufl. Hrsg. u. bearb. [...] unter der Leitung von Günther Drosdowski. 8 Bde. Mannheim, Leipzig, Wien, Zürich 1993–1995.

DWb. = Grimm, Jacob, und Grimm, Wilhelm: Deutsches Wörterbuch. Bd 16. Bearb. von Gustav Rosenhagen. Leipzig 1954.

Eger, Manfred: Wagner und die Juden. Fakten und Hintergründe. Eine Dokumentation zur Ausstellung im Richard-Wagner-Museum Bayreuth. Bayreuth 1985.

Entdeckter Jüdischer Baldober oder Sachsen-Coburgische Acta Criminalia wider eine jüdische Diebs- und Rauber-Bande [...]. Coburg 1737.

Erben, Johannes: Vorstöße oder Verstöße. Versuch einer Einschätzung von A. Kerrs Neologismen (Theaterkritiken 1905–1933). In: Sprachgeschichtliche Untersuchungen zum älteren und neueren Deutsch. Festschrift für Hans Wellmann zum 60. Geburtstag. Hrsg. von Werner König, Lorelies Ortner. Heidelberg 1996, S. 1–11.

Etymologisches Wörterbuch des Deutschen. Erarb. [...] unter Leitung von Wolfgang Pfeifer. 3 Bde. Berlin 1989.

FAZ = Frankfurter Allgemeine Zeitung. Frankfurt a. M.

Federspiel, Krista; Weiss, Hans: Arbeit. Fünfzig deutsche Karrieren. Frankfurt a. M. 1990. (Die Andere Bibliothek. 70).

Fischer, Jens Malte: Richard Wagners «Das Judenthum in der Musik». Eine kritische Dokumentation als Beitrag zur Geschichte des Antisemitismus. Frankfurt a. M. u. Leipzig 2000. (insel taschenbuch. 2617).

FNP = Frankfurter Neue Presse. Frankfurt a. M.

Focus. München.

FR = Frankfurter Rundschau. Frankfurt a. M.

Frank, Jehuda Leopold: «Loschen Hakodesch». Jüdisch-deutsche Ausdrücke, Sprichwörter und Redensarten des Nassauischen Landsjuden. Cholon 1961. 2. Aufl. 1962.

Frankfurter Wörterbuch [...] hrsg. [...] von Wolfgang Brückner. 6 Bde. Frankfurt a. M. 1971–1985.

Freigedank, K. [d.i. Richard Wagner]: Das Judenthum in der Musik. In: Neue Zeitschrift für Musik 33. 1850, S. 101–107 und 109–112.

Freund, Ismar: Die Emanzipation der Juden in Preußen. 2 Bde. Berlin 1912.

Friedrich, Carl Wilhelm: Unterricht in der Judensprache, und Schrift. zum Gebrauch für Gelehrte und Ungelehrte. Prentzlow 1784.

Frisch, Max: Stücke. Bd 1. Frankfurt a. M. 1962.

Gedichte und Scherze in jüdischer Mundart. Nr. 1–23. Berlin o. J. [um 1860 bis 1870].

Die geheime Geschäftssprache der Israeliten. Ein Hand- und Hilfsbuch für alle, welche mit Israeliten in Geschäftsverbindung stehen und der hebräischen Sprache unkundig sind. Neustadt/Aisch [2]1867, [4]1880, [5]1883.

Geisel, Eike: Im Scheunenviertel. Bilder, Texte und Dokumente. Mit einem Vorwort von Günter Kunert. Berlin 1981.

Goethe, Johann Wolfgang: Sämtliche Werke. Briefe, Tagebücher und Gespräche. Bd 14. Frankfurt a. M. 1986.

Gorys, Erhard: Küchen Lexikon. Frankfurt a. M., Wien, Zürich 1976.

v. Grolman, F. L. A.: Wörterbuch der in Teutschland üblichen Spitzbuben-Sprachen. 2 Bde. Gießen 1822.

von der Grün, Max: Maloche. Leben im Revier. Frankfurt a. M. 1982.

GT = Göttinger Tageblatt. Göttingen.

Haarer, Johanna: Mutter, erzähl von Adolf Hitler! Ein Buch zum Vorlesen, Nacherzählen und Selbstlesen für kleinere und größere Kinder. 2. Aufl. München, Berlin 1939.

Harig, Ludwig: Sieben Tiere. Kleines Bestiarium in alexandrinischen Sonetten. o. O. (Pforzheim) 1985.

Harkavy, Alexander: Yiddish-English Dictionary. New York 1898.

– Yiddish-English-Hebrew Dictionary. 4th ed. New York 1928.

Heid, Ludger: Maloche – nicht Mildtätigkeit. Ostjüdische Arbeiter in Deutschland 1914–1923. Hildesheim 1995.

Heine, Heinrich: Sämtliche Werke. Hrsg. von E. Elster. Bd 7. o. O. u. J.

Heller, André: Schlamassel. Erzählungen. Frankfurt a. M. 1993.

Hessen-Nassauisches Volkswörterbuch [...] bearb. von Luise Berthold. Bd 2 ff. Marburg 1927 ff.

Heuberger, Rachel; Krohn, Helga: Hinaus aus dem Ghetto... Juden in Frankfurt am Main 1800–1950. Frankfurt a. M. 1988.

Heyse, Paul: Werke. Hrsg. von Bernhard u. Johanna Knick, Hildegard Korth. Bd 2. Frankfurt a. M. 1980.

Hirsch, Eike Christian: Den Leuten aufs Maul. Ein- und Ausfälle vom Besserwisser. Hamburg 1982.

von Hornstein, Erika: Flüchtlingsgeschichten. 43 Berichte aus den frühen Jahren der DDR. Nördlingen 1985. (Die Andere Bibliothek. 8).

Jossel, Chaim: Schabbes-Schmus. Schmonzes Berjonzes. Berlin 1907.

Junge Welt. Berlin.

Kafka, Franz: Hochzeitsvorbereitungen auf dem Lande und andere Prosa aus dem Nachlaß. Stuttgart (usw.) o. J.

Kapeller, Ludwig: Das Schimpfbuch. Von Amtsschimmel bis Zimtziege. 3. Aufl. Herrenalb 1964.

Katz, Jacob: Richard Wagner. Vorbote des Antisemitismus. Königstein/Ts. 1985.

Kehrein, Joseph: Fremdwörterbuch mit etymologischen Erklärungen und zahlreichen Belegen aus Deutschen Schriftstellern. Stuttgart 1876.

– Volkssprache und Wörterbuch von Nassau. 1891. – Neudruck o. O. 1966.

Kerr, Alfred: Mit Schleuder und Harfe. Theaterkritiken aus drei Jahrzehnten. Hrsg. von Hugo Fetting. Berlin 1982.

Kicker-Sportmagazin. Nürnberg.

Kisch, Egon Erwin: Gesammelte Werke. Bd 6. Berlin u. Weimar 1973.

Kleinschmidt, Lothar: Lieben, kuscheln, schmusen. Hilfen für den Umgang mit kindlicher Sexualität im Vorschulalter. 2. Aufl. Münster 1994.

Klemperer, Victor: Ich will Zeugnis ablegen bis zum letzten. Tagebücher 1933–1941. 1942–1945. Hrsg. von Walter Nowojski unter Mitarbeit von Hadwig Klemperer. 2 Bde. Berlin 1995.

– LTI. Notizbuch eines Philologen. [1946]. Leipzig 1975. (Reclam-Bibliothek. 278).

Klepsch, Alfred: Westjiddisches Wörterbuch. Auf der Basis dialektologischer Erhebungen in Mittelfranken. 2 Bde. Tübingen 2003.

Kluge, Friedrich: Etymologisches Wörterbuch der deutschen Sprache. Straßburg 1883. 6. verb. u. verm. Aufl. Straßburg 1899. 11. Aufl. Mit Unterstützung durch Wolfgang Krause bearb. von Alfred Götze. Berlin u. Leipzig 1934. Friedrich Kluge, Alfred Götze, Etymologisches Wörterbuch der deutschen Sprache. 15. Aufl. Berlin 1951. 16. unveränd. Aufl. Berlin 1953. 17. Aufl. unter Mithilfe von Alfred Schirmer bearb. von Walther Mitzka. Berlin 1957. 18. Aufl. bearb. von Walther Mitzka. Berlin 1960. 19. Aufl. 1963. 20. Aufl. 1967. 22. Aufl. unter Mithilfe von Max Bürgisser und Bernd Gregor völlig neu bearb. von Elmar Seebold. Berlin, New York 1989.

– Deutsche Studentensprache. Straßburg 1895. – Neudruck in: Bibliothek zur historischen deutschen Studenten- und Schülersprache, hrsg. von Helmut Henne, Georg Objartel. Bd 5. Berlin, New York 1984, S. 93–236.

– Rotwelsch. Quellen und Wortschatz der Gaunersprache und der verwandten Geheimsprachen. I. Rotwelsches Quellenbuch. Straßburg 1901. Neudruck Berlin 1987.

Koneffke, Jan: Paul Schatz im Uhrenkasten. Roman. Köln 2000.

Kraus, Karl: Mein Vorschlag. In: Die Fackel, Nr. 343/344. 29. Febr. 1912,
S. 17–21.
– Eine Rarität. In: Die Fackel, Nr. 622–631, Mitte Juni 1923, S. 57–64.
– Wie lange wirds das noch geben? In: Die Fackel, Nr. 679–685, März 1925,
S. 19–26 [a].
– Ein merkwürdiger Zwischenfall und seine natürliche Erklärung. (Versuch
einer Traumanalyse). In: Die Fackel, Nr. 697–705, Oktober 1925, S. 25–27
[b].
– Die letzten Tage der Menschheit. Bühnenfassung des Autors. Hrsg. von
Eckart Früh. Mit Zeichnungen von Georg Eisler. Frankfurt a. M. 1994.
Krauss, Friedrich: Treppener Wörterbuch. Ein Beitrag zum Nordsiebenbür-
gischen Wörterbuch. Marburg 1970.
Kreuzer, Siegfried: Von *Ave* bis *Zores*. Hebräische und semitische Wörter in
unserer Sprache. In: Zeitschrift für Literaturwissenschaft und Linguistik
121 (2001), S. 98–114.
Küpper, Heinz: Wörterbuch der deutschen Umgangssprache. 6 Bde. Ham-
burg 1955–1970. Bd 1. Hamburg 1955. 4. Aufl. 1965. Bd 2. 10000 neue
Ausdrücke von A–Z. 2. unveränd. Aufl. 1963.
– Handliches Wörterbuch der deutschen Alltagssprache. Hamburg 1968.
– Illustriertes Lexikon der deutschen Umgangssprache. 8 Bde. Stuttgart
1982–1984.
Landmann, Salcia: Koschere Kostproben. Rezepte aus Alt-Österreich für
Feinschmecker. Rüschlikon-Zürich, Stuttgart, Wien 1964.
Leben im russischen Schtetl. Jüdische Sammlungen des Staatlichen Ethno-
graphischen Museums in Sankt Petersburg. Köln, Frankfurt a. M. 1993.
Lestschinsky, Jakob: Das jüdische Volk im Wandel der letzten hundert Jahre.
Berlin 1928. (Jüdisches Wissenschaftliches Institut. Schriften für Wirt-
schaft und Statistik. 1).
Littmann, Enno: Morgenländische Wörter im Deutschen. 2., verm. u. verb.
Aufl. Tübingen 1924.
Luftmenschen spielen Theater. Jüdisches Kabarett in Wien 1890–1938.
Hrsg. von Hans Veigl. o. O. 1992.
Mack, Fritz: Schmus und Stuss. Allerlei Schmonzes. Leipzig o. J.
Mackensen, Lutz: Das moderne Fremdwörter Lexikon. München 1975.
– Deutsches Wörterbuch. München 1977.
Mai, Manfred: Vom Schmusen und Liebhaben. o. O. 1991.
Maloche ist nicht alles. Hrsg. von H. D. Gölzenleuchter. Bochum 1985.
Martin, Lothar: Brauchtum bei der Heirat. Der Werber oder Mittelsmann.
In: Atlas der deutschen Volkskunde. Neue Folge. Hrsg. von Matthias
Zender. Erläuterungen. Bd 1. Marburg 1959–1964, S. 85–152.
Matras, Yaron: «Lekoudesch». Integration jiddischer Wörter in die Mundart
von Rexingen bei Horb. Mit vergleichbarem Material aus Buttenhausen bei
Münsingen. Hamburg 1989. (Arbeiten zur Mehrsprachigkeit. 33).
– Zur Rekonstruktion des jüdischdeutschen Wortschatzes in den Mund-
arten ehemaliger «Judendörfer» in Südwestdeutschland. In: Zeitschrift
für Dialektologie und Linguistik 58. 1991, S. 267–293.

Mattenklott, Gert: Jettchen Gebert und das Schtetl. Jüdische Lebenswelten in der deutschen Literatur. In: Jüdische Lebenswelten. Essays. Hrsg. von Andreas Nachama, Julius H. Schoeps, Edward van Voolen. Frankfurt a. M. 1991, S. 221–238.

Maurer, Trude: Ostjuden in Deutschland 1918–1983. Hamburg 1986. (Hamburger Beiträge zur Geschichte der deutschen Juden. 12).

Mauthner, Fritz: Prager Jugendjahre. Erinnerungen. Frankfurt a. M. 1969.

Die Mazzesinsel. Juden in der Wiener Leopoldstadt 1918–1938. Hrsg. und mit einem historischen Essay von Ruth Beckermann. Wien 1984.

Mehlhorn, Birgit: Gesunde Katzen. Schmusen ohne Gefahr. Berlin 1993.

Mehring, Walter: Chronik der Lustbarkeiten. Die Gedichte, Lieder und Chansons 1918–1933. Düsseldorf 1981.

Mitzka, Walther: Schlesisches Wörterbuch. 3 Bde. Berlin 1963–1965.

MM = Mannheimer Morgen. Mannheim.

Mosler, Axel M.; Erné, Nino; Mathy, Helmut: Rheinland-Pfalz. München 1993.

Müller-Thurau, Claus Peter: Lass uns mal 'ne Schnecke angraben. Sprache und Sprüche der Jugendszene. o. O. 1984.

Nachama, Andreas: Jiddisch im Berliner Jargon oder Hebräische Sprachelemente im deutschen Wortschatz. Berlin 1994.

Nebbich, meint der Katz. Hrsg. und für die deutsche Ausgabe bearb. von Bartel F. Sinhuber. München 1973. (dtv. 917).

Neues deutsches Wörterbuch. Bearb. u. hrsg. von Lutz Mackensen. Unveränderter Nachdr. Laupheim 1953.

Neumann, Robert: Unter falscher Flagge. Ein Lesebuch der deutschen Sprache für Fortgeschrittene. Berlin, Wien, Leipzig 1932.

– Vielleicht das Heitere. Tagebuch aus einem anderen Jahr. München, Wien, Basel 1968.

Nikolaus, Paul: Jüdische Miniaturen. Schnurren und Schwänke. Hannover u. Leipzig 1924.

Northey, Antony: Kafkas Mischpoche. Berlin 1988.

– Kafka's relatives. Their lives and his writing. New Haven 1991.

Das Orchester. Mainz.

Ostwald, Hans: Frisch, gesund und meschugge. Schnurren und Anekdoten. Berlin 1928.

Paul, Hermann: Deutsches Wörterbuch. 3. Aufl. Halle (Saale) 1921. 5., völlig neu bearb. u. erw. Aufl. von Werner Betz. Tübingen 1966. 6. Aufl. 1968. 9., vollst. neu bearb. Aufl. von Helmut Henne und Georg Objartel [...]. Tübingen 1992.

Peinemann, Georg: Freude und Erfolg beim Spinnangeln. Mit Blinker, Spinner, Wobbler, Zocker, Spinnfliege, Wackelschwanz, Twister, Dorschknaller, Filker und System. Hamburg 1986.

Peltzer, Karl; v. Normann, Reinhard: Das treffende Wort. Wörterbuch der sinnverwandten Ausdrücke. 22. Aufl. Thun 1992.

Petrikovits, Albert: Die Wiener Gauner-, Zuhälter- und Dirnensprache. Hrsg. u. mit e. Nachwort versehen von Inge Strasser. Wien, Köln, Graz 1986.

Pfälzisches Wörterbuch. 6 Bde. Wiesbaden [Bd 4–6: Stuttgart] 1965–1997.

Pfister, Ludwig: Nachtrag zu der aktenmäßigen Geschichte der Räuberbanden [...] Nebst einer neueren Sammlung und Verdollmetschung mehrerer Wörter aus der Jenischen oder Gauner-Sprache. Heidelberg 1812.

Die Pleite. Illustrierte Halbmonatsschrift einschließlich der nur in einer Nummer erschienenen Zeitschrift «Jedermann sein eigner Fussball». Fotomechanischer Nachdr. der Originalausg. 1919–24 mit einer Einl. von Wieland Herzfelde. Frankfurt/Main 1986.

Polgar, Alfred: Kleine Schriften. Bd 6. Hrsg. von Marcel Reich-Ranicki [...]. Reinbek b. Hamburg 1986.

Polzer, Wilhelm: Gaunerwörterbuch für den Kriminalpraktiker. München, Berlin, Leipzig 1922.

Post, Rudolf: Jüdisches Sprachgut in den pfälzischen und südhessischen Mundarten. In: Pfälzisches Judentum gestern und heute. Beiträge zur Regionalgeschichte des 19. und 20. Jahrhunderts. Hrsg. von Alfred H. Kuby. Neustadt a. d. Weinstraße 1992, S. 177–258.

Prosinger, Wolfgang: Das rabenstarke Lexikon der Scene-Sprache. Der große Durchblick für alle Freaks, Spontis, Schlaffis, Softies, Flipper und Hänger sowie deren Verwandte und sonstige Fuzzis. Illustriert von Peter Gaymann. Frankfurt/Main 1984.

Reed, Stanley F.: Kollege Querulant. Vom Miesmacher zum Mit-Arbeiter. Freiburg i. Br. 1994.

Das Revier. «Nicht nur ein Land von Ruß und Maloche». Hrsg. von Wolf Bierbach. 2. Aufl. Essen 1988.

Rheinisches Wörterbuch. 9 Bde. Bonn [Bd 5–9: Berlin] 1928–1971.

Richter-Holtmann, Jens: Die Juden von Libowicz. Geschichten aus dem Stetl. Frankfurt a. M. 1988.

Röll, Walter: Bestandteile des deutschen Gegenwartwortschatzes jiddischer und hebräischer Herkunft. In: Akten des VII. Internationalen Germanisten-Kongresses. Bd 5. Hrsg. von Walter Röll, Hans-Peter Bayerdörfer. Tübingen 1986, S. 54–62.

Roth, Joseph: Werke Bd. 3. Köln 1975.

Ruppin, Arthur: Die Juden der Gegenwart. Eine sozialwissenschaftliche Studie. 2. Aufl. Köln u. Leipzig 1911.

Salten, Felix: Eisenbach. In: Die Mazzesinsel. Wien 1984, S. 90.

Schoeller, Wilfried F.: Ich – der Augenzeuge. In: Kindlers Literatur Lexikon. Bd 3. Zürich 1964, Sp. 2341–2343.

Scholem, Betty; Scholem, Gershom: Mutter und Sohn im Briefwechsel 1917–1946. Hrsg. v. Itta Shedletzky in Verbindung mit Thomas Sparr. München 1989.

Schwäbisches Wörterbuch. 6 in 7 Bdn. Tübingen 1904–1936.

Seligmann, Rafael: Der Musterjude. Roman. Hildesheim 1997.

Singer, Isaac B.: Massel & Schlamassel und andere Kindergeschichten. München 1988.

– Meschugge. Aus d. Amerik. v. Gertrud Baruch. 1996.

Slezak, Leo: Meine sämtlichen Werke. Berlin 1922.

– Der Wortbruch. Berlin 1927.
– Rückfall. Stuttgart, Berlin 1940.
– Mein Lebensmärchen. München 1948.
– Mein lieber Bub. Briefe eines besorgten Vaters. München 1966.
SN = Salzburger Nachrichten. Salzburg.
Der Spiegel. Hamburg.
Sport-Bild. Hamburg.
Der Sprach-Brockhaus. Deutsches Bildwörterbuch für jedermann. Leipzig
    1935. Deutsches Bildwörterbuch von A–Z. 9., neu bearb. u. erw. Aufl.
    Wiesbaden 1984.
Stammler, Wolfgang: Kleine Schriften zur Sprachgeschichte. Berlin 1954.
Stern. Hamburg.
Stern, Heidi: Wörterbuch zum jiddischen Lehnwortschatz in den deutschen
    Dialekten. Tübingen 2000. (Lexikographica. Series maior. 102).
Stern, Selma: Der Preussische Staat und die Juden. 3 Tle. und Reg. in 8 Bdn.
    Tübingen 1962–1975. (Schriftenreihe wissenschaftlicher Abhandlungen
    des Leo Baeck Instituts 7.1, 7.2, 8.1, 8.2, 24.1, 24.2.1, 24.2.2, 32).
Sternberger, (Dolf); Storz, (Gerhard); Süskind, (W[ilhelm] E[manuel]): Aus
    dem Wörterbuch des Unmenschen. Hamburg 1957.
Südhessisches Wörterbuch. Bd. 1 ff. Marburg 1965 ff.
SZ = Süddeutsche Zeitung. München.
taz = Die Tageszeitung. Berlin.
Tendlau, Abraham: Sprichwörter und Redensarten deutsch-jüdischer
    Vorzeit. Frankfurt a. M. 1860. – Neudruck: Hildesheim, New York
    1980.
Terz, Abram (Andrej Sinjawskij): Klein Zores. Aus dem Russischen von
    Swetlana Geier. Frankfurt a. M. 1982.
Thiele, A. F.: Die jüdischen Gauner in Deutschland, ihre Taktik, ihre Eigen-
    thümlichkeiten und ihre Sprache [...]. 2 Bde. Berlin 1840.
Thüringisches Wörterbuch. Bd 4 ff. Berlin 1965 ff.
TLZ = Thüringische Landeszeitung. Weimar.
Torberg, Friedrich: Die Budapester. In: Die Mazzesinsel. Wien 1984, S. 86–88.
Trapp, Frithjof: Der Augenzeuge – ein Psychogramm der deutschen Intel-
    lektuellen zwischen 1914 und 1936. Frankfurt a. M. 1986.
Tucholsky, Kurt: Gesammelte Werke. 10 Bde. Reinbek b. Hamburg 1975.
– Briefe. Auswahl 1913–1935. Hrsg. von Roland Links. Berlin 1983.
TV = Trierischer Volksfreund. Trier.
Vishniac, Roman: Verschwundene Welt. Mit einem Vorwort von Elie Wiesel.
    München, Wien 1983.
Wb. = Wörterbuch.
WddG = Wörterbuch der deutschen Gegenwartssprache. Hrsg. von Ruth
    Klappenbach und Wolfgang Steinitz. 6 Bde. Berlin 1964–1977.
Weigand, Fr. L. K.: Deutsches Wörterbuch. 5. Aufl. [...] hrsg. von Herman
    Hirt. 2 Bde. Gießen 1909–1910. – Neudruck: Berlin 1968.
Weinberg, Werner: Die Reste des Jüdischdeutschen. Stuttgart (usw.) 1969.
    2. erw. Aufl. 1973. (Studia Delitzschiana. 12).

- Lexikon zum religiösen Wortschatz und Brauchtum der deutschen Juden. Hrsg. von Walter Röll. Stuttgart-Bad Cannstatt 1994.

Weinreich, Uriel: Modern English-Yiddish Yiddish-English Dictionary. New York 1968.

Weiß, Ernst: Ich – der Augenzeuge. Icking 1963.

- Der Augenzeuge. Roman. o. O. (Frankfurt a. M.) 1986. (Bibliothek Exilliteratur).

Ernst Weiß. Hrsg. von Peter Engel. Frankfurt a. M. 1982. (suhrkamp taschenbuch. materialien. 2020).

Die Welt. Berlin.

Windolph, Wolfram: Die Jiddisch-Glossare Johann Baptist Webers von 1921/24. Untersuchungen zur Geschäftssprache von Handelsleuten und Metzgern der Trierer Region. Phil. Diss. [masch.] Trier 1981.

Witter, Ben: Nebbich oder Löcher im Lachen. Frankfurt a. M. 1979.

Wolf, Siegmund A.: Wörterbuch des Rotwelschen. Deutsche Gaunersprache. Mannheim 1956.

Wolfskehl, Karl und Hanna: Briefwechsel mit Friedrich Gundolf. 1899–1931. Hrsg. von Karlhans Kluncker. 2 Bde. Amsterdam 1977.

Wondrák, Eduard: Einiges über den Arzt und Schriftsteller Ernst Weiß. Icking 1968.

Wossidlo-Teuchert. Mecklenburgisches Wörterbuch. 7 Bde. Neudruck. Neumünster 1996.

Zborowski, Mark; Herzog, Elizabeth: Das Schtetl. Die untergegangene Welt der osteuropäischen Juden. München 1991.

Zehn statt tausend Jahre. Die Zeit des Nationalsozialismus an der Saar. Saarbrücken 1988.

Die Zeit. Hamburg.

Wortregister

Personen- und Sachregister

Jüdische Geschichte und Kultur bei C.H.Beck
Eine Auswahl

Verlag C.H.Beck München